엄마,
나 어린이집
가기 싫어

엄마,
나 어린이집
가기 싫어

초판 1쇄 인쇄 | 2018년 11월 20일
초판 1쇄 발행 | 2018년 11월 26일

지은이 | 이은경
펴낸이 | 박영욱
펴낸곳 | (주)북오션

편 집 | 허현자
마케팅 | 최석진
디자인 | 서정희 · 민영선

주 소 | 서울시 마포구 월드컵로 14길 62
이메일 | bookocean@naver.com
네이버포스트 | m.post.naver.com('북오션' 검색)
전 화 | 편집문의: 02-325-9172   영업문의: 02-322-6709
팩 스 | 02-3143-3964

출판신고번호 | 제313-2013-000006호

ISBN 978-89-6799-429-7 (13370)

이 도서의 국립중앙도서관 출판예정도서목록(CIP)은 서지정보유통지원시스템
홈페이지(http://seoji.nl.go.kr)와 국가자료공동목록시스템
(http://www.nl.go.kr/kolisnet)에서 이용하실 수 있습니다.
(CIP제이번호: CIP2018034888)

엄마,
나 어린이집
가기 싫어

이은경 지음

북오션
콘텐츠그룹

어린이집, 어떤 곳인지
알고나 보내시나요?

어린이집 보내지 마세요

다 고치고 나면 보내세요

현재 대한민국은 사회 전 분야에서 공정 사회 실현 및 비리 추방 운동의 목소리가 높다. 다만 힘이 실리지 않은 소수의 음성이라 허공만 맴돌고 있다.

우리나라는 아직도 사회의 많은 영역에서 부정과 비리가 횡행하고 있고 많은 국민들이 그러한 부정과 비리가 국가 발전을 저해한다고 느끼고 있다. 그러나 그 어느 분야보다 심각한 비리가 판을 치고 있지만 많은 이들이 문제의 심각성을 느끼지 못하고 있는 영역이 있다. 바로 국가목적사업인 영유아 보육사업 분야다.

여기저기서 비리가 터져나오고 문제 제기를 해도 어린이집을 비롯한 영유아 보육시설의 부정, 비리, 부패는 조금도 개선되지 않고 있다. 그리고 안타깝게도 많은 이들이 어린이집에서 얼마나 많은 비리가 일어나는지, 그러한 비리가 얼마나 만연해 있는지 모르고 있다.

어린이집의 역할은 국가 보육, 즉 공보육을 수행하는 것이다. 그러나 어린이집의 95퍼센트가 개인의 자본을 바탕으로 세워진 현실을 깡그리 무시하고 무조건 공보육을 수행하라고 요구하는 것 자체가 모순이다. 그러한 모순이 비리와 부정을 낳았고, 그러한 모순을 이용하는 세력에 의해 부패가 뿌리내렸다. 그리고 그 피해는 고스란히 영유아에게 돌아가고 있다.

무한 희생과 봉사를 감수하며 공보육을 수행하라는 정부의 요구는 어리석었고 민간 파트너이자 중간 공급자인 어린이집의 대처는 영악했다. 정부의 무리한 요구를 그대로 따를 수 없는 어린이집이 선택한 방법이 바로 부정이요, 부패요, 비리다.

보건복지부와 여성가족부의 일방적 지시와 명령에 순종해서는 도저히 살아남을 수 없는 어린이집 원장들은 '알아서 각자 해먹는 것'

을 택했고, 그러한 일이 오랫동안 반복되면서 이제는 죄책감마저도 느끼지 못할 정도가 되었다. "다른 어린이집도 다 하는데, 어디 나만 하나. 못하는 원장이 바보고 안 하는 원장이 등신이지." 이렇게 자신들의 그릇된 행위를 정당화하는 자위와 조롱과 비웃음만 난무했다.

전국 약 4만 여 어린이집 중 국공립 어린이집은 고작 7퍼센트 남짓에 불과하다. 약 3000여 곳이 전부다. 각종 자료 표기상 국공립 어린이집이라고 하지만 실제로 국립 어린이집은 없다. 0퍼센트다. 지자체에서 설치한 구립·시립 어린이집도 모두 개인, 법인, 단체 등에 위탁 운영되고 있다. 국공립 어린이집 확대를 근 20여 년간 외쳐도 전국 어린이집 대비 7퍼센트, 약 3000여 곳에 불과한데 그나마 그도 직접 운영이 아닌 위탁 운영되고 있으니, 참으로 슬픈 현실이다.

2013년 12월, 경찰이 어린이집을 대상으로 대대적인 수사를 벌인 적이 있다. 경찰 수사 결과는 대한민국의 보육 기반인 어린이집에서 일어나는 온갖 비리를 적나라하게 보여주는 증표이자 비리를 방치, 묵인한 자들이 만들어낸 결과물이다.

이제 나는 이 책을 통해 어린이집에서 일어나는 각종 비리와 그러한 비리의 근본 원인인 제도적 모순을 고발하고자 한다. 원장들을 비롯해 어린이집 종사자나 담당 공무원 등 관련된 사람들이 돌을 던진다면 피하지 않고 당당히 맞을 것이다. 그 돌을 내가 맞아 고쳐진다면, 고쳐질 수만 있다면 기쁜 마음으로 맞겠다.

사실 원장을 비롯한 어린이집 종사자들은 오히려 내게 고마워해야 한다. 앞으로는 부끄러운 일을 하지 않고 떳떳하게 어린이집을 운영하더라도 일정한 수익을 올릴 수 있도록 제도를 개선하고 법을 고치자는 것이니 그 누구보다 환영하고 응원해줘야 마땅하다.

어린이집 창업하지 마세요
다 고치고 나면 하세요

지금도 유치원 선생님, 어린이집 선생님을 꿈꾸는 학생들이 많다. 또 관련 학과를 졸업하고 영유아 보육시설에 취업해 설레는 마음으로 일하고 있는 사회 초년생도 많다. 그러나 아쉽게도 이들이 꿈꾸는 영유아 보육 현장은 없다.

또한 여성이 하기에 참 괜찮은 일 같은 데다 안정된 수입도 올릴 수 있을 것 같고 내 자녀 양육에도 도움이 될 것 같아서 보육교사가 되고자 준비하는 늦깎이 주부, 엄마 학생도 있다. 이들에게는 참 미안한 말이지만, 그들이 머릿속에 그리는 어린이집은 현실 세계에 존재하지 않는다. 비정상인 구조가 고쳐지지 않는 한, 꿈에 부풀었다가 좌절하고 또 좌절하면서 내가 걸어온 길을 그대로 따라올 수밖에 없다.

구조 자체가 부정과 비리와 부패를 조장하는데, 정부는 개개인의 양심과 의지로 투명하고 신뢰할 수 있는 운영, 믿고 맡길 수 있는 보육을 하라고 요구한다. 불가능하다. 아무리 도덕성이 높은 사람이라도 생존과 생계가 위협받으면 '가치'도 '정의'도 다 순식간에 내팽개치게 마련이다.

현재 어린이집의 물적 기반은 개인 자본이다. 실정이 이러한데도 투명성과 공공성이 확보된 공보육이라는 공적 요구를 100퍼센트 수행하라고 요구한다. 똑같이 공공서비스를 제공할 것을 요구받는 교육 시설이나 의료 시설과는 달리 어린이집은 절대 빈곤 상태에 놓여 있는데도 말이다. 개인 자본을 투입하고 운영 재정을 부담한 다른 공공서비스 영역과는 달리 유독 어린이집에 대해서만 보건복지부는 비영리로 공보육을 수행하라는 무리한 요구를 한다. 이 태생적·구조적 모순을 모른 채 어린이집을 먹고사는 생계형 사업으로 접근, 창업을 시도하면 그 순간 브로커들의 먹잇감이 된다.

감히, 감히, 단언한다. 비리와 부정을 양산하는 이러한 모순을 고치기 전에는 어린이집에 아이를 보내서도, 어린이집 창업을 꿈꿔서도 안 된다.

거두절미하고, 영유아 정책을 원점에서 전면 재검토할 대책반을 꾸려야 한다. 정부 펀드를 조성해 보육 기반 자금을 사적 자본에서 공적 자본으로 바꿔야 한다. 또 목적사업 수행이 도저히 불가능한 어린이집은 정산 후 문을 닫을 수 있도록 합법적인 퇴로를 열어줘야 한다.

오랜 세월 정직하게 영유아 국가목적사업을 도운 민간 협력자는 찾아내 그 기여도에 걸맞은 보상을 해야 한다. 이제 보건복지부도 민간 파트너를 통치(統治, government)의 대상이 아닌 협치(協治, governance)의 대상으로 바라보려는 인식의 전환이 필요하다.

끝으로 "정치를 위한 정책이 아니라 영유아를 위한 책임 있는 정책을 실현해야 한다"는, "보육이 나라의 근간"이라는 넋두리에 가까운 호소를 오랫동안 귀 기울여 들어주신 현진권 자유경제원 원장님, 이민화 교수님, 김정호 프리덤팩토리 대표님, 이의춘 미디어펜 대표님, 김영숙 전 덕성여중 교장선생님께 깊은 감사를 드린다. 아울러 출판의 기회를 준 북오션 대표님과 책이 나오기까지 도움을 준 직원 여러분께 감사의 마음을 전한다.

이은경

chapter

2

어린이집 원장들, 정신 차리세요

chapter

3

근절되지 않는 어린이집 부패의 고리들

Chapter 1

눈물 나게 불쌍한
우리 아이들

가정통신문에 기록된 식단표와 실제 어린이집에서 먹는 급식이 완전히
다른 것이 상당수 어린이집의 현실이다.
영유아 부모들은 자녀들이 어린이집에서 무엇을 배우는지보다 아이들이
어떤 음식을 먹는지에 더 많은 관심을 기울여야 한다. 그러한 관심만이
당신의 사랑하는 아이들이 삼계탕을 가장한 '닭 씻은 물'에 밥을 말아
먹는 참담한 현실을 바꿀 수 있다.

1 닭 한 마리로
90명의 원생을 먹인 어린이집

인천의 한 어린이집. 초복 날 삼계탕이 어린이들 앞에 한 그
릇씩 돌아가는데 닭고기는 없고 희멀건 국물만 있다. 닭 한
마리로 보육교사와 원생 90명을 먹일 삼계탕을 만들었다. 몇
주 전 나온 닭볶음탕에도 감자와 양파만 있고 닭고기는 거의
없었다.

해당 어린이집 보육교사는 "삼계탕이라면서 멀건 국물에 닭
살점 찢어서 넣었으니까 닭고기는 보이지 않는다"고 고백했
다. 실제 이 어린이집에서 작성한 식재료 명세표를 확인한 결
과, 90명분 점심에 들어간 닭고기 한 마리 값은 6000원이었
다. 삼계탕 한 그릇당 66원어치의 닭고기가 들어간 셈이다.
그래도 실제로는 닭을 한 마리만 사놓고 일곱 마리 샀다고 가
짜 영수증을 꾸며 붙여놓는 일부 어린이집보다는 그나마 나

은 편이라 할 수 있다.

정부가 어린이집에 보육료를 지원하면서 정한 1인당 하루 최소 급식비는 1745원이다. 그러나 이 어린이집은 삼계탕의 주재료를 구입하는 데 1인당 66원을 썼으니 기타 재료비 및 간식비를 합쳐봐야 절반에도 못 미칠 게 뻔하다. 학부모들의 항의에 조리사도 인정했다.

이 어린이집은 국수 한 그릇을 어린이 10여 명에게 나눠 먹이고 유통기한이 지난 요구르트, 곰팡이 핀 찐빵 등을 간식으로 제공한 의혹도 받고 있다. 학부모들은 아이들이 이때까지 이런 음식을 먹어왔다는 사실에 분노하고, 믿고 보내는 어린이집에서 이런 일이 일어난 사실에 놀라고 흥분했다. 이런 참담한 현실을 참다못한 교사가 구청에 이런 상황을 알렸고, 연 2회 이상 위생 점검을 해야 하는 구청은 그동안 한 번도 나와 보지 않다가 민원이 제기된 후에야 자체 조사가 힘들다며 경찰에 고발했다.

이 뉴스를 본 나는 어린이집 식단 비리가 적발되어 현장을 떠난 두 명의 원장이 떠올랐다. 전자는 식자재를 식단표에 맞게 산 다음 실제로는 소량만 사용하고 남은 식자재를 빼돌린 원장이고, 후자는 아예 처음부터 소량의 식자재를 산 다음 식자재 납품업체와 짜고 가짜 영수증을 첨부한 원장이다.

전자는 식단표대로 인원수에 맞게 식자재를 산 다음 식자재 일부를 빼돌려 자신의 집으로 가져갔다. 고구마를 두 상자 사면 한 상자는 가져가고, 사과 역시 두 상자를 사면 한 상자는 가져가고, 소고기를 열댓 근 사면 절반을 가져가는 식으로 말이다. 아이들이 먹을 주·부식 재료를 빼돌려 원장은 자신의 집, 시댁, 친정댁에 나눠 주었다.

실제 원아가 90명인 어린이집에서 삼계탕 재료로 닭을 한 마리만 구입하고, 닭 한 마리 값만 결제한 영수증을 붙여놓았다면 지도점검 나온 시도구군 담당자가 펄쩍 뛰었을 것이다. 그러고는 바로 원장을 불러 "원장님 어떻게 닭 한 마리로 90명의 아이를 먹일 수 있죠?"라고 추궁하고 원에 근무하는 교사, 조리사 등등을 불러 사실 여부를 확인했을 것이다. 사실 확인 후 관련 지침(『2014년도 보육사업안내』 118쪽)과 영유아보육법 제33조, 시행규칙 제34조에 의거 행정처분을 내려 징계 조치를 취했을 것이다.

그러나 4만 5000여 곳에 달하는 어린이집 가운데 그런 범죄로 행정처분을 받은 곳은 지극히 적고 관에서 행정처분을 내리는 경우도 드물다. 정상적인 발달에 필요한 영양을 섭취하는 것은 영유아에게 무엇보다 중요한 일인데도 왜 이런 일이 생기는 걸까? 그 이유는 간단하다. 담당 공무원의 지도점검 부실 때문이 아닌 원장이 만들어놓은 완벽한 서류 때문이다.

지출 영수증엔 닭 한 마리가 아닌 대여섯 마리를 산 걸로 되어 있고 삼계탕 부재료는 친환경 식자재로 샀다고 되어 있다. 매일 급식할 때마다 담당 공무원이 지켜볼 수 없는 현실에서 영수증과 서류 내용이 맞으니 적발이 되지 않는 것이다. 닭 대여섯 마리와 친환경 식자재를 샀다는 지출 영수증이 있으니, 당연히 그 재료들을 조리하여 아이들에게 급식으로 제공했다고 믿을 수밖에 없다. 원장이 식자재를 빼돌려 집으로 가져가고 지인들한테 나눠 주었다고는 상상도 못한다. 주방에서 조리되는 삼계탕은 닭 한 마리에 물 댓 바가지 부은 삼계탕 아닌 닭죽으로 둔갑하여 제공되는 것을 밝히지 못하고 가는 것이다. 닭죽이라고 불리는 것도 어쩌면 기만일지도 모른다. 정확히 표현하자면 그저 닭 씻은 물인데 말이다.

이렇게 가정통신문에 기록된 식단표와 실제 어린이집에서 먹는 급식이 완전히 다른 것이 상당수 어린이집의 현실이다. 식단대로 식품을 사고 결제는 결제대로 다 해도 소량만 조리하고 나머지 재료는 원장이 빼돌리는 일이 비일비재하다.

후자는 처음부터 닭은 한 마리만 사고 삼계탕 부재료는 중국산으로 구입하면서 닭을 많이 산 것처럼 꾸미고 부재료는 친환경 재료를 산 것처럼 가격을 부풀렸다. 이렇게 가격을 부풀려 실제 구입가격의 3배가 넘는 결제 금액을 지급한 다음 그 차액을 현금으로 돌려받는 것이다.

이런 식으로 차액을 챙기는 원장들은 대부분 식자재 납품업체로부터 차액을 현금으로 돌려받는다. 일명 '현찰 박치기'다. 어떤 원장들은 처음부터 부식 납품업체와 계약할 때 '대포 통장'과 '대포 카드'를 받는다. 이걸 거절하는 납품업체는 납품을 포기해야 한다. 원장은 지도점검 받는 어린이집 통장에서 미리 납품업체가 만들어준 그 '대포 통장 계좌'로 이체하는 방식으로 결제를 한다. 그러고는 그 돈을 대포 통장이나 대포 카드로 찾아서 자액을 챙긴다. 실제로 구입한 부식 대금은 납품업체의 '진짜 통장'으로 입금한다. 무통장으로 입금하기도 하고 원장 자신의 이름이나 남편의 이름, 가족 명의로 계좌 이체를 하기도 한다.

실제로 식자재를 소량으로 샀으면서도 대량 구매한 것으로 꾸며 결제한 다음 차액을 현금으로 돌려받는 비리는 25년 전에도 있었고 10년 전에도 5년 전에도 지금도 있는 비리다. 가령 식단대로 살 경우 삼계탕 재료비가 50만 원이라면 15만 원어치만 사고 나머지 차액 35만 원을 착복하는 것이다. 이런 일이 열 번이면 350만 원, 백 번이면 3500만 원, 천 번이면 3억 5000만 원이 되는 것이다.

퇴근 후 어스름해질 때, 원아들이 다 하원하고 나면 홀로 365일 지급기에 서서 납품업체로부터 미리 받은 대포통장에 입금한 다음 현금을 찾고 다시 그걸 납품업체 진짜 계좌로 실제 결제할 금액을 입금하는 원장의 모습, 혹은 회계를 맡은 직원의 모습이 은행 CCTV에 고스란히 찍힌 사건이 있었다. 이 CCTV 영상은 2012년과 2013년 어린이집 비리 경찰 수사 때 결정적인 증거가 되었다.

이 사건 적발로 지금은 어린이집에 납품업체가 대포 통장과 대포 카드를 만들어주는 비리가 사라졌다. 대신 현금으로 돌려받는 것이 대세가 되었다. 식자재 납품업체가 부풀린 금액을 결제받고 직접 현금으로 원장에게 돌려주는 것이다. 결국 대포 통장과 대포 카드는 흔적이 남으니 흔적 없는 현금을 주고받는 것이다. 경찰의 수사 방식이 점차 고도화되어도 어린이집 급식 비리는 근절되지 않고, 오히려 현금으로 주고받으니 더 음성화되고 있는 실정이다. 어린이집 비리를 근절하고자 경찰들은 뛰는데 어린이집 원장들은 하늘을 날고 있는 셈이다.

실제로 보통 2~3일, 또는 일주일에 한 번씩 납품업자가 식자재를 납품하러 어린이집에 올 때 현금으로 돌려주면 아무도 알 수 없다. 당사자인 원장과 납품업체의 은밀한 거래를 무슨 수로, 어떻게 잡아낸단 말인가.

365일, 24시간 스토커처럼 지키고 있지 않는 한, 식자재 납품업체가 양심선언을 하지 않는 한, 조리사가 내부 고발자가 되지 않는 한, 아이들에게 배식해주는 교사가 용기를 내지 않는 한 밝힐 수 없는 일이다.

| 우리의 관심만이 급식 비리를 근절할 수 있다

2012년 5월 한 어린이집 교사는 5년간 자신이 근무한 어린이집에선 삼계탕이 한 번도 나온 적이 없다고 했다. 원장 선생님이 말하길, "초복이든 중복이든 말복이든 그게 어린이집하고 뭔 상관있느냐고 하면서 각 가정에서 부모가 알아서 먹이면 된다"고 했다고 한다.

나는 견해가 다르다. 교사가 아이들과 같이 점심때 삼계탕을 먹으면서 초복, 중복, 말복에 대한 절기를 설명해주는 것은 아이들에게 훌륭한 교육이 될 수 있기 때문이다. 그러나 닭 한 마리로 삼계탕('닭 씻은 물'이라고 하는 편이 더 적합할 것이나)을 만들어 90명의 원아와 예닐곱 명의 어른들에게 먹일 바엔 차라리 이 원장처럼 5년 동안 삼계탕을 아예 식단에서 빼고 검소한 급식을 주는 편이 더 나을지도 모른다.

2011년엔 뻣뻣한 배춧잎과 된장만 놓인 식판 사진이 기사와 함께 인터넷에 돌아다닌 사건이 있었다. 어린이집의 한 교사가 아이들 식판에 놓인 썩은 달걀을 찍은 사진이 한 포털 사이트에 올라온 적도 있었다. 그러던 차에 닭 한 마리로 끓인 삼계탕으로 원아 90명을 먹인 어린이집 보도가 나온 것이었다.

나는 이 기사를 나의 트위터와 페이스북에 퍼다 날랐다. 그러자 바로 많은 이들이 "이런 어린이집 폐쇄하라" "원장의 실명을 공개하라" "먹는 걸로 장난치는 원장은 인간도 아니다"라는 댓글로 도배를 하였고, 여의도로 당장 달려가 시위를 할 것처럼 울분을 토했다. 그러나 그게 전부였다.

이내 다른 이슈에 밀려 내가 올린 기사는 사람들의 관심 밖으로 밀려났다. 다시 공유하고, 리트윗했지만 맨 처음 올렸을 때보다 관심을 보이는 사람이 매우 적었다. 아마 '내 아이가 다니는 어린이집은 설마 아닐 거야'라는 믿음 때문일 것이다.

이렇게 우리가 반짝 관심을 기울이다 금세 외면해버리고 마는 탓에 어린이집 급식 비리는 사라지지 않고, 매년 급식 비리를 고발하는 기사가 쏟아져 나온다. 그리고 그런 기사는 '반짝 하룻거리 기사'로 이내 사라진다. 왜 어린이집은 아이들이 먹을 음식을 만드는 데 써야 할 급식비로 장난을 치는 것일까? 왜 어린이집의 불량 먹을거리를 고발하는 기사는 사라지지 않는 것일까?

이 기사를 접한 대다수 사람들은 그저 닭 한 마리로 '90명용 삼계탕' 만들어 먹인 재주 많은(?), 양심 불량 원장 한 사람의 인격적 결함으로 치부해버렸을지도 모른다. 그러나 이러한 낙관적인 믿음과 무관심이 어린이집의 급식 비리를 부추기고 있다는 사실을 깨달아야 한다.

영유아 부모들은 자녀들이 어린이집에서 무엇을 배우는지보다 아이들이 어떤 음식을 먹는지에 더 많은 관심을 기울여야 한다. 그러한 관심만이 당신의 사랑하는 아이들이 삼계탕을 가장한 '닭 씻은 물'에 밥을 말아 먹는 참담한 현실을 바꿀 수 있다.

2 썩은 달걀을 먹여도 폐쇄당하지 않는 어린이집

2011년 11월, 어린이집에 아이들을 보내는 부모들을 경악하게 한 기사가 있었다. 어린이집에서 썩은 달걀을 아이들에게 간식으로 제공하고 있다는 내용의 기사였다. 썩은 달걀 사진은 해당 어린이집 교사가 핸드폰으로 찍어 포털 사이트에 올린 것이다. 이런 일이 생기면 각종 언론 매체에서 떠들썩하게 보도를 한다. 그러면 기사가 각종 포털 사이트에 실리고, 기사를 보고 분노한 많은 네티즌이 수많은 댓글을 단다. 또한 각종 맘이라는 단어가 붙은 블로그, 카페에서는 젊은 엄마들이 기사를 퍼다 나르고 댓글을 달며 자기 아이가 그걸 먹은 양 분통을 터트린다.

이렇게 한바탕 난리가 나면 담당 구청과 시청에서는 문제의 어린이집을 조사 중이라는 보도자료를 발 빠르게 낸다. 이 사건이 발생한 어린이집의 관할 구청인 대구시 A구청도 다르지 않았다. 구청 위생과장은 언론과의 인터뷰에서 "우리 구내에서 일어난 사건일 가능성이 큰 만큼 철저하게 밝히겠다"고 했고, 인터넷에 올라온 사진과 글을 확인한 구청과 시청 직원들이 사건의 진원지인 어린이집뿐만 아니라 그 지역 내 모든 어린이집을 대상으로 지도점검을 실시한다는 보도자료를 냈다.

사람들은 이런 보도자료에 바탕한 기사를 읽고 담당 구청이 발빠르게 대응에 나섰다고 생각한다. 그리고 이번에는 제대로 된 조사가 이루어져 처벌과 징계가 내려질 것이라고 예상한다. 그러나 그 어린이집은 폐쇄되지 않았고 지금도 여전히 운영 중이다.

통상 어린이집 비리가 터지면 관할 지자체와 담당 공무원은 아래와 같은 수순에 따라 사건을 수습하려고 한다. 뉴스에서 보도하고 기사로 나가 많은 이들의 분노를 일으킨 사건을 실제 현장에선 어떻게 다루고 수습하는지 그 수순을 5단계로 나눠 살펴보겠다.

어린이집은 보통 국공립, 사회복지법인, 기타법인, 민간, 가정, 직장, 부모협동 이렇게 7개 분과로 나뉘어져 있으며 각 분과장이 연합회 부회장들이다. 이때 물의를 일으킨 해당 어린이집이 어떤 분과 소속이냐에 따라 대응하는 것이 다 다르다.

수습 1단계

기사가 나온 다음 날엔 해당 지역 시청 담당 과장과 계장이 어린이집연합회 회장 및 부회장들과 어린이집연합회에서 오전 9시 30분 경 미팅을 한다. 출근하자마자 연합회 사무실로 뛰어오는 것이다.

그 시간, 기사화된 해당 어린이집엔 구청 담당자들이 나가 있다.

사실 이 자리에서 깊이 있는 논의가 이루어지는 것은 아니다. 실제로는 담당 공무원들이 지시 사항을 전달하는 자리라고 할 수 있다. 이 회의의 주요 안건은 어린이집 관련 기사를 세인들의 관심에서 멀어지게 하는 것이다. 하여 먼저 연합회 측에 보도자료를 내라고 지시한다. 이런 일은 일부 어린이집의 문제고 어린이집을 운영하는 모두가 책임을 통감하며 두 번 다시 이런 일이 없도록 연합회차원에서 자정의 노력을 하겠다는 기자회견도 하고 보도자료도 내라고 지시하는 것이다. 연합회 간부들은 거의 100퍼센트 시키는대로 한다. 그리고 해당 지역 시청은 아직 구체적인 사실이 밝혀진바 없고 진상조사에 착수했으니 결과가 나오면 말씀드리겠다고 보도자료를 낸다. 그러면 희한하게도 조용해진다. 보도자료가 만병통치약인지, 서로 그렇게 하면 잦아들기로 약속이나 한 듯 그 문제를 언론에서도 더 이상 다루지 않는다.

수습 2단계

사안을 어떻게 하든 축소하는 데 매진한다. 시청 국장 · 과장 · 계장 · 담당자, 구청 국장 · 과장 · 계장 · 담당자, 그리고 사건을 일으킨 어린이집의 원장이 모여 이번 사건을 제보한 교사에게 어떻게 다 뒤집어씌울 것인지를 논의한다. 포털 사이트에 글을 올린 그교사가 평소 품행이 방정하지 못하고 불성실한 데다 평소 아이들보육에 소홀한 탓에 자주 지적을 받은 데 불만을 품고 진행한 일이라는 점을 부각시키고 동료 교사들의 증언을 확인서로 제출한다. 물론 이때 원장과 친하게 지내는 부모 몇 명도 원장 편에서 교사의 단점을 증언하는 데 힘을 보탠다. 보육일지며 교사로서 해야 할 업무를 제대로 처리 못했다는 내용을 찾아내어 해직 처리부터 한다. 여러 사람이 한 사람 병신 만드는 일은 쉽다. 그래서 보통 포털 사이트에 제보하는 교사는 그만둘 것을 각오하고 제보한다.

수습 3단계

이제부터 제보를 한 교사를 상대로 회유와 협박을 시작한다. 돈을 원하는 대로 줄 테니 평소 불만이 있어 가짜 제보를 했노라고 말해달라 집요하게 설득한다. 그래도 여의치 않으면 "두 번 다시 이 바닥에 발을 못 붙이게 하겠다"고 협박도 한다. 실제 제보한 교사를 어린이집에서 근무 못하게 할 힘은 없다. 어린이집 교사 업무가 워낙 고된 탓에 많은 어린이집이 제대로 된 교사를 구하려면 상당히 애를 먹어야 하는 게 현실이기 때문이다. 해당 구청·시청 담당 공무원들은 연합회 임원들과 해당 원장을 압박한다. 어떻게든 교사의 입을 막아 더 이상 일이 확대되지 않게 하라고 말이다. 말을 안 들으면 자신들 어린이집부터 지도점검 들어올 판이니 시키는 대로 해야 그들도 산다. 그러나 이때 제보한 어린이집 선생님도 살 길은 있다. 민주노총이나 참여연대 같은 시민단체에 도움을 요청하는 것도 하나의 방안이다.

수습 4단계

이런 진행과 병행하여 그 지역 전체 어린이집을 내상으로 지도점검을 나서 일벌백계하는 모양을 갖춘다. 그러면 어디서 황금박쥐 나타나듯 우호적인 매체에서 공무원들이 어린이집 지도점검을 실시하고 있으며 재발 방지를 위해 갖은 노력을 기울이고 있다며 친절하게 기사화해준다. 사실 이때 벌이는 지도점검은 아무런 의미도 없다. 급식으로 제공된 불량 음식은 이미 먹고 없는데 무슨 수로 비리를 잡아내겠는가? 교사와 조리사의 증언이 전부일 텐데 어떤 교사, 어떤 조리사가 이때다 하고 진실을 말하겠는가? 더구나 암행 지도점검도 아니고 드러내놓고 지도점검을 하는 것이라, 그 기간만큼은 어떤 어린이집이든 정상적으로 식사를 제공하고 평소 조리사가 입지도 않던 흰 가운에 흰 모자까지 뒤집어쓰고 완벽하게 연출한다. 그래서 먹을거리 비리는 하나도 못 찾아내고 단순 회계상으로 문제가 있는 어린이집 서너 군데가 적발되어 행정처분을 받는 것으로 마무리된다.

보통은 이 4단계에서 수습 과정이 마무리되지만, 인사이동이나 승진을 앞둔 과장들이 기사로 인해 불똥이 자신에게 떨어질 것 같으면 다음 5단계 쇼를 연출한다. 이 사안을 더 확대시키지 말고 이쯤에서 마무리하자는 무언의 압력을 가하는 것이다. 물론 심증만 있을 뿐 물증은 없다. 다만 사건이 터지면 언제나 같은 수순이 반복되는 것을 보면서 심증을 굳힐 뿐이다.

수습 5단계

누가 섭외를 했는지, 관공서 측에서 했는지 연합회 측에서 했는지는 모르지만 기사화된 내용을 주제로 지역 방송에서 주최하는 토론 프로그램에 출연을 한다. 과장과 연합회 회장과 연합회에서 추천한 교수 몇 사람이 출연한다. 물론 토론은 미리 질문과 답을 잘 짜놓은 대본으로 진행한다. 방청객으로는 마이크 잡고 의견을 개진할 학부모와 교사를 1인씩 섭외하여 어린이집에 아이를 보내는 학부모로서 겪는 어려움, 교사가 현장에서 겪는 어려움을 이야기하면서 본질을 왜곡한다. 이때 방청객으로 마이크 잡고 의견을 개진할 학부모와 교사는 담당 공무원 친구나 지인, 또는 연합회 임원이 운영하는 어린이집에 다니는 원생 부모나 지인 등을 섭외해서 앉힌다.

자, 여기서 중요한 것은 사건을 일으킨 어린이집은 일반인들의 머릿속에서 점점 잊힌다는 것이다. 그냥 한바탕 소란을 일으켰지만 어린이집은 여전히 운영을 한다. 그때부터 서너 달 정도 집중지도점검이 이루어지지만 국고보조금을 횡령하지 않은 이상 운영 정지나 시설 폐쇄를 내릴 명분도 없고 계속 썩은 음식을 먹이고 있는 것도 아니고 썩은 음식으로 인해 누군가의 생명이 위태로워진 것도 아니니 그렇게 유야무야된다. 한술 더 떠 제3자에게 권리금을 받고 어린이집을 넘기고 자신은 타 지역 어린이집을 권리금 주고 사 그곳에서 원장을 하는 일도 있다. 이런 식의 '눈 가리고 아웅' 하기 식 수습도 어린이집 먹을거리 비리 근절을 가로막는 또 하나의 요인이다.

| 제보자의 재취업과 신분을 보장해야 한다

어린이집에서 우리 아이들이 제대로 된 식사와 간식을 제공받는지 알고 있는 사람은 그걸 만드는 조리사와 그걸 나눠 주는 교사다. 그런데 보통 소규모 어린이집에서는 원장의 가족, 친지, 지인들이 조리사를 하는 경우가 태반이라 양심선언을 기대하기가 불가능한 상황이다. 그렇다면 선생님밖에 없다. 그러나 위에서 살펴본대로 피고용인인 선생님들 역시 양심선언을 하려면 자신의 생계를 걸어야 하는 상황이다. 그렇다면 선생님들이 생계에 위협을 느끼지 않고 고발을 할 수 있는 통로를 만들어줘야 한다. 즉 제보자의 재취업과 신분 안전을 보장할 수 있는 다음과 같은 제도를 마련해야 한다.

첫째, 신고자의 익명성과 재취업이 보장되어야 한다. 물론 사실을 제보한다는 전제가 반드시 필요하다. 따라서 사실 여부 검증 센터도 함께 가동해야 한다.

둘째, 어린이집의 비리를 고발하는 교사에게 포상금 형태의 보상을 하기보다는 국공립 어린이집 위탁 신청 시 가산점을 주는 보상 제도가 있어야 한다. 선생님 자신의 양심에 비추어 공익적 제보를 했는데 그 후 공갈 협박에 시달리고 생계에 위협을 받는다면 누구도 용기를 내지 못할 것이다. 보통 어린이집 한 곳을 개원하는

데 필요한 초기 투자비용은 서울·수도권 같은 경우 10억 원을 훌쩍 넘는다. 100만 원 남짓한 급여를 받으며 어린이집 선생님 30년을 해도 만질 수 없는 금액이다. 그렇다면 오히려 국공립 어린이집 위탁 심사 때 가산점을 주어 국공립 어린이집을 위탁 운영할 기회를 준다면 전국 약 4만 5000여 곳 어린이집에 근무하는 약 22만 명의 교사는 어린이집 급간식 지킴이가 되어줄 것이다.

셋째, 양심적인 납품업체에 운영비를 지원하고 세금 혜택을 주는 것이다. 실제 납품한 것과 다르게 가짜 영수증을 요구하거나 현금으로 돌려받기를 요구하는 어린이집을 신고하면 얻는 이익을 더 크게 하여 어린이집 원장과 납품업체가 짜고 저지르는 비리를 원천적으로 막아야 한다. 또 어린이집 경찰 수사에서 수량을 속이거나 납품 단가를 속여서 적발되면 그 업계에서 퇴출하고, 비리 정도에 따라 3년, 5년, 10년간 진입을 못하게 하면 어린이집 먹을거리 비리를 상당수 뿌리 뽑을 수 있으리라 생각한다.

아이 돌보랴, 살림살이하랴, 일하랴 하루하루 숨 가쁘게 살아가는 엄마들이 납품업체와 짜고 속이는 어린이집을 어찌 감시할 것이며, 하루 이틀도 아니고 불신으로 바라보는 어린이집에 어찌 내 아이를 마음 놓고 맡길 수 있겠는가? 어린이집 먹을거리 비리를 잡아내려는 노력도 필요하지만 그보다는 비리 자체가 일어나지 않도록 하는 시스템을 갖추는 데 더 많은 노력을 기울여야 한다. 그래야 부모들이 안심할 수 있고, 우리 아이들이 썩은 달걀을 먹는 일이 두 번 다시 일어나지 않는다.

넷째, 지도점검을 수박 겉 핥듯이 한 담당자들은 이미 타 부처로 인사이동을 한 뒤라도 징계를 내려야 한다. 지금 구조에서는 일이 터지면 현재 담당하고 있는 담당자만 곤경에 빠진다. 사건이 진행된 시점에 맞춰 그 당시 담당자, 즉 전임자에게 책임을 물어야 업무를 맡을 때 눈감아주었다가 자신만 떠나면 그만이라는 고질병도 고칠 수 있다.

아이들 입에 들어가는 먹을거리가 자신의 자녀 입에 들어가는 먹을거리라고 생각하면 어린이집 교사든 납품업체든 담당 공무원이든 과연 묵인하고 눈감아줄 수 있겠는가? 의아심이 든다. 그러나 그러한 일들이 비일비재하고 아직까지도 어린이집 먹을거리 비리 기사가 나오는 현실을 감안할 때 처벌은 구체적이고 실천적이어야 비리를 척결할 수 있다. 거짓에 동참함으로써 자신이 얻는 이익에 눈이 먼 이들에게 자꾸 양심에 호소하는 어리석은 대처는 이제 그만하고 오히려 정직하게 했을 때 이익을 볼 수 있도록 시스템을 바꿔야 한다.

3 비엔나소시지는 달랑 한 개, 궁중떡볶이는 배달 떡볶이로

| 순진한 초년 교사가 겪은 참담한 현실

어린이집에서 일하다 그만둔 교사가 첫 근무지에서 경험한 일을 소개하려 한다. 대학 졸업 후 취직한 첫 직장에서의 첫날, 기대와 설렘으로 일을 시작한 그녀는 첫날부터 엄청난 실망감에 휩싸이고 말았다.

오전 시간에 아이들 간식이 나왔는데 사과 한 개를 얼마나 얇게 썰었는지 사과 조각끼리 붙어 포크에 서너 개가 같이 찍혀 따라 올라왔다. 교사는 조금 의아했지만 '점심때 밥을 많이 먹게 하려고 간식을 가볍게 주는 모양이다'라고 생각하며 좋은 뜻으로 받아들였다.

그 교사가 맡은 반은 만 3세, 우리 나이로 5세 유아반으로 20명이 한반이다. 이 나이 대 아이들은 호기심도 많고 궁금함도 많다 보니 자연스레 활동량이 많을 수밖에 없다. 참고로 아래 표는 어린이집의 통상적인 오전 일과표다.

연령	만3세, 만4세, 만5세	
활동 시간	주요일과	주요활동
07:30 ~ 08:30	자유선택활동	
08:30 ~ 09:50	순차등원	인사 나누기, 건강 관찰, 자기 물품 정리, 자유선택활동
~ 10:10	자유선택활동	- 수 · 조작영역 - 언어영역 - 쌓기 영역 - 미술영역 - 역할영역 - 레고영역 - ZOOB 영역
10:10 ~ 10:20	손 씻기 및 오전 간식	
10:20 ~ 10:40	손유희 및 대집단 활동 이야기 나누기	동시 - 동요 - 동화 - 미술 - 문학활동
10:40 ~ 11:00	강사진 수업(요일별로)	체육 - 영어(주 4회) - 예절 - 구연동화
11:00 ~ 11:30	자연친화프로그램	직접체험(오감활동) - 활동내용만들기(자연친화 활동은 요일별로 나누어 진행)
11:30 ~ 12:00	대집단활동 2	신체표현 - 게임 - 시청각활동 - 오르다
12:00 ~ 12:10	손 씻기 및 점심식사 준비	
12:10 ~ 13:00	점심 식사 및 자유선택활동	점심 - 수 · 조작영역 - 언어영역 - 쌓기 영역 - 미술영역 - 역할영역 - 레고영역 - ZOOB 영역

교사가 이 일과표를 철저히 지켜 진행한다면 유아들은 과로로 쓰러지고 말 것이다. 수업 내용에 관한 이야기는 나중에 하기로 하

고, 여기서는 아이들이 어린이집에서 제대로 영양을 섭취할 수 있는지부터 살펴보자.

점심시간이 되자 주방에서 밥과 반찬을 가지러 오라는 연락이 왔다. 교사는 순간 아이들만 교실에 두고 2층 주방으로 가야 한다는 생각에 멈칫했다. '어떻게 하지?' 초년 교사는 어린 아이들끼리만 두고 갈 수 없다는 생각에 그냥 교실에 있었다. 그러자 이내 "밥 안 가지러 가!" 하는 찢어지는 고함 소리와 함께 교실 문이 열렸다.

"아이들은 어떻게 하죠?"

교사는 기어들어가는 목소리로 원장에게 물었다.

"그냥 두고 갔다 와. 2층이 천리 길이니? 그사이에 뭔 일이 생긴다고."

할 수 없이 교사는 유아들을 남겨둔 채 2층 주방으로 점심을 가지러 갔다.

그날 가정통신문을 통해 나간 식단표는 이러했다.

구분	내용	비고
오전 간식	사과 한 개씩	식품은 당일 사정에 의해 변경될 수도 있습니다.
점심	현미밥, 소고기무국, 비엔나소시지, 김, 브로콜리, 김치	
오후 간식	궁중떡볶이	

주방에서 받아 온 밥은 성인 남자 2명이 먹으면 딱 맞는 분량이었다. 20명의 아이들에게 병아리 모이를 주듯 밥을 나눠 주니 밥은

이내 텅텅 비었다. 비엔나소시지는 한 개를 3등분한 것으로 20명의 아이들에게 3조각씩 나누어 주니 딱 6조각이 남았다.(그닐 2명이 결석했으니 아이 한 명당 비엔나소시지 3조각, 즉 하나가 돌아간 것이다.) 교사는 더 먹고 싶다는 아이에게 한쪽씩 나눠 준 기억이 지금도 생생하다고 했다. 그리고 잘게 썬 김치 조금, 김, 그리고 아무리 봐도 소고기는 보이지 않는 소고기무국을 아이들에게 나누어 주었다. 식단표에 있는 브로콜리는 빠져 있었다. 당일 시세가 너무 비싸 살 수 없었다고 했다.

교사는 국을 쏟을까 봐 두 번에 걸쳐 음식을 교실로 날랐으며, 그 시간 동안 아이들은 어느 누구의 보호도 받지 못하고 방치되어 있었다. 오전에 짜인 일과표대로 아이들이 활동을 하면 점심시간이 되기도 전에 아이들은 배가 무척 고플 수밖에 없다. 수행하는 교사는 더 말할 것도 없지만, 워낙 양이 적은 탓에 교사는 근무 첫날부터 점심을 굶어야 했다.

순진한 초년 교사는 '소시지가 몸에 안 좋으니 적게 주는 모양'이라고 여겼다. 순전히 아이들을 위해서일 거라고 생각한 것이다. 점심 식사를 마치고 또다시 아이들끼리만 두고 2층 주방으로 자신의 식판을 포함해 식판 19개를 두 번에 걸쳐 갖다 주고 왔다. 그날 주방 할머니가 병원 예약으로 원을 비워, 오후 간식인 궁중떡볶이는 동네 떡볶이 집에 배달을 시켰고 아이들에게 떡볶이를 1개(1인분이 아닌 1개!)씩 나눠 주었다.

그날 오후, 아이들이 다 하원을 하자 교사회의가 열렸다. 초년 교사는 "아이들만 교실에 둘 수 없으니 주방에서 교실로 간식이나 점심을 갖다 주었으면 좋겠다"는 의견을 제시한 후 "간식이나 점심 양이 너무 적으니 양을 좀 늘려주었으면 좋겠다"는 건의를 했다. 그런데 반응이 싸늘했다. 회의를 주재한 주임교사는 "원장님께 말씀드리겠다"며 말을 막았고, 다른 교사들도 분명 자신과 같은 상황이었을 텐데도 동조하는 분위기가 전혀 아니었다. 회의를 마치고 나오니 또래 교사가 "우리도 말했지만 아무 소용 없어. 그냥 그만두고 나가든지 참고 있든지 둘 중에 하나 선택해야 해"라고 조언 아닌 조언을 해주었다.

다음 날도 그다음 날도 그곳에서 3년을 근무하고 그만둘 때까지 아무것도 고쳐지지 않았다. 점심시간이면 아이들만 교실에 둔 채 교사는 2층 주방을 100미터 달리기하듯 뛰어갔다 와야 했고, 그 바람에 뜨거운 국에 손등을 덴 적도 수두룩했다. 비엔나소시지는 여전히 한 개를 3등분하여 3쪽씩 나왔고 소고기무국엔 언제나 소고기가 없었다. 물론 브로콜리도 반찬으로 올라온 적이 없었다.

| 원장과 교사의 양심에 기대서는 급식 비리를 근절할 수 없다

시간이 흐르면서 교사를 바라보는 원장과 주방 할머니의 눈길이 점점 싸늘해졌다. 그러나 그들의 싸늘한 눈길보다 교사를 더 곤혹스럽게 한 것은 학부모를 상대로 거짓말을 해야 하는 거였다.

어머니 1 : 아이가 자꾸 배가 고프다고 하는데 간식이나 점심은
　　　　　 제대로 나오나요?

교사 : 영찬이가 활동량이 많아서 그래요. 오늘도 두 그릇이나
　　　　먹었어요.

어머니 2 : 김치만 먹었다는데 식단표대로 나오는 게 맞나요?

교사 : 지수가 끝에 남은 김치를 먹다 보니 제일 마지막에 먹은
　　　　것만 말한 것 같네요.

어머니 3 : 밥이 없어 우리 아이는 쪼금밖에 못 먹었다는데 어
　　　　　 쩐 일인지요?

교사 : 오늘은 자꾸 더 달라고 했는데 제가 일부러 안 주었어요.
　　　　충분히 먹었는데도 자꾸 먹으려고 해서요. 먹고 싶다고
　　　　하면 충분히 줍니다. 걱정 마세요.

어머니 4 : 점심때 밥이 부족해 선생님이 밥을 못 드셨다고 하
　　　　　 던데요.

교사 : 아니요, 그럴 리가요. 제가 이번 주에 금식 주간이라 안
　　　　먹은 겁니다.

　이렇게 어린이집 교사 생활을 하며 느끼는 것은 학부모를 상대로
한 거짓말뿐이었다. 이 교사가 말하길 교사들이 하는 말에서 30퍼

센트만 믿으라고 했다. 그리고 그 30퍼센트 말 중 30퍼센트만 이행돼도 다행이란다. 즉 교사들 말만 믿지 말라는 이야기다.

실정이 이렇다면 급식 비리를 차단할 방법은 하나뿐이다. 그날그날 오전 간식, 점심, 오후 간식을 동영상으로 촬영해 학부모한테 보내도록 하지 않으면 급식 비리를 잡아낼 수가 없다.

물론 지금도 카페, 블로그, 홈페이지에 식단을 올리고 식판을 찍은 사진을 올린다. 하지만 그건 보여주기 위한 식단 아닌가. 사진을 찍어 보내라고 해도 사진을 조작하는 것은 아주 쉬운 일이다. 피고용인으로서 원장 앞에서는 '을' 신세일 수밖에 없는 교사의 양심만 믿을 수도 없는 노릇이다. 그렇다고 전국에 4만 5000곳이 넘는 어린이집을 공무원들이 한 집씩 전담해서 지킬 수도 없는 노릇이다. 또한 경찰이 아무리 치밀하게 수사를 한다 한들 구입 영수증만 맞으면 처벌할 길이 없는데 이걸 어찌 잡아낸단 말인가?

실제 어린이집에서 아이들이 어떤 음식을 먹는지 알 수 있는 방법은 딱 한 가지밖에 없다. 학부모들이 1일 3명씩 전담하여 오전 간식, 점심, 오후 간식으로 나오는 음식이 가정통신문에 실린 식단표대로 나오는지, 양은 충분한지 직접 확인하는 방법뿐이다. 이렇게 직접 나서지 않으면 급식 비리는 절대 없어지지 않는다.

4 배달 도시락 1개로
8명을 먹인다고?

| 정부의 지원을 악용하는 어린이집

어린이집에서 조리사로 일하려면 조리사자격증이 있고 보건소에 가서 결핵 등 전염병 유무 건강 검진서를 확인받아야 한다. 그러나 어떤 어린이집에서는 조리사자격증이 있는 사람의 이름만 빌리고는 시어머니, 친정어머니 같은 친인척이나 시간제 근무자에게 음식을 조리하게 한다. 그런 다음 서류상 등록된 조리사한테 인건비를 입금하고 입금된 그 금액을 인출하여 실제 근무한 시간제 근무자에게 인건비를 지급하는 꼼수를 통해 부당이득을 취하고 있다.

국공립 어린이집 등 평가인증을 통과한 어린이집은 조리사의 인건비를 100퍼센트 지원받을 뿐만 아니라 4대 보험에 퇴직금까지 지원받는다. 그런데 많은 어린이집이 이런 정부의 지원 제도를 악용하고 있다. 대표적인 방법이 정부가 요구하는 조리사는 등록만 해놓고 실제로는 시간제 '알바'를 채용하여 인건비를 떼어먹는 것이다. 그나마 이런 경우에는 원장하고 등록자하고 실제 조리인, 교사가 입을 맞추더라도 경찰이 등록자와 근무자의 휴대폰 위치 추적을 하고 어린이집에 있는 CCTV 촬영 영상을 보면 쉽게 잡아낼 수 있다.

더 심각한 문제는 평가인증을 통과하지 못해 조리사 인건비를 100퍼센트 지원받지 못하는 곳에서 벌어지고 있다. 조리사 인건비를 지원받지 못하는 어린이집은 조리사를 채용하여 인건비를 주기에는 살림살이가 빡빡하다. 더구나 원아가 40인 이하인 경우에는 조리사의 인건비 부담이 만만찮다. 그렇다 보니 선택하는 방법이 조리사는 이름만 등록해놓고 어른용 도시락을 배달시켜 아이들을 먹이는 것이다.

– 20명 이하 가정 어린이집의 사례

만 1세, 즉 우리 나이로 3세인 영아는 5명이 한 반인데 5000원짜리 어른용 도시락 1개로 5명을 나눠 먹인다. 만 2세, 즉 우리 나이로 4세인 영아는 7명이 한 반인데 어른용 도시락 2개로 7명에게 나눠 먹인다. 교사들 밥은 원에서 한다. 김치와 밥만 추가해서 배달 온 도시락 반찬하고 먹게 하는 것이다. 어른용 도시락 3개(약 1만 5000원)로 점심을 간단하게 해결한다. 대신 구매 영수증에는 1인 1개씩 14개를 주문해서 약 7만 원을 지출한 것으로 꾸민다. 20일로 정산하면 실제 도시락 비용은 30만 원이지만 어린이집 지출결의서에는 140만 원짜리 영수증을 붙이고, 그렇게 140만 원을 지출한 것으로 기록한다.

구분	원아 수	납품 어른용 도시락 수	영수증상 도시락 개수
만 1세(3세) 2반	5명 / 5명	2개	12개
만 2세(4세) 2반	7명 / 7명	4개	16개
만 3세(5세) 1반	15명	3개	16개

- 39명 이하 민간 어린이집의 사례

5000원짜리 어른용 도시락 9개로 영유아 39명, 교사 5명에게 나눠 주고 지출영수증에는 44개를 구입한 것으로 기록해놓는다. 교사가 먹을 밥과 김치는 어린이집에서 제공한다. 물론 가정통신문으로 나간 식단표는 다 가짜다. 꼭 이런 어린이집이 육아종합지원센터(구 보육정보센터)에서 제공하는 완벽한 식단표를 그대로 다운받아 자기 어린이집 식단표인 양 각 가정으로 보낸다. 실제 어린이집에서는 어른용 도시락을 배달 시켜 나눠 먹이면서 말이다.

평가인증을 신청하지 않았거나 신청을 했지만 통과하지 못한 어린이집은 조리사 인건비를 지원받지 못한다. 그렇다면 정부에서 평가인증을 통과받게 하여 인건비를 지원함으로써 이러한 일이 현장에서 사라지게 하든지, 아니면 어린이집 자체를 폐쇄하든지 결단을 내려야 한다. 그러나 참여정부 때 어린이집 업무를 맡았던 여성가족부는 평가인증을 통과하는 비율을 높이는 데만 혈안이 되어 조리사 인건비를 지원받지 못하는 어린이집의 현실을 외면하였다.

그러면 평가인증을 통과하지 못한 어린이집이 폐쇄되는가 하면 그것도 아니다. 평가인증을 받은 곳에 지원하는 비용만큼 개개인 시설이 그 비용을 자부담하는가 하면 그것도 아니다. 그냥 어린이집은 여전히 운영을 하고 그 안에서 근근이 꾸려가는 것이다. 그렇다 보니 궁여지책으로 선택한 것이 어른용 도시락 배달인 것이다.

20인 이하 어린이집이든 39인 이하 어린이집이든 80명, 100명 이상 어린이집이든 영유아들은 매일 오전 간식, 점심, 오후 간식을 먹어야 한다. 조리를 담당하는 전담자 없이 원장이 보육교사에 등하원 차량 운행에 조리까지 감당하기는 물리적으로 불가능하다. 이제부터라도 영유아 부모들은 아이들이 다니는 어린이집에 조리사가 있는지, 서류상 등록된 사람과 직접 조리하는 사람이 같은지, 정부로부터 인건비 지원은 받는지, 급식 시간에 아이들에게 배달용 도시락을 주지는 않는지 직접 점검해야 한다.

5 피망 2개로 80명을 먹이는 기적

어느 엄마가 인터넷 카페에 송파경찰서에서 수백 명 정원의 어린이집 원장이 조사를 받고 있는데, 비리가 상상을 초월한다는 글을 올렸다. 그 엄마는 피망 2개로 80명의 아이를 먹였다고 분노했다. 피망 2개로 80명을 먹이는 방법은 딱 한 가지가 있다. 채썰기. 오이 한 개를 채 썰어 오이무침이라고 하면서 채 썬 오이를 2쪽씩 나눠 주는 것과 같은 방법이다.

그 인터넷 카페엔 가락시장에서 배추 겉잎 버리면 할머니들이 주워 가기도 전에 어린이집 원장들이 먼저 주워 간다는 글도 있었다. 바닥에 떨어진 배추 겉잎을 주워 된장국을 끓인다는 것이다. 서울의 가락시장에서만 그런 것이 아니다. 전국의 시장이라는 시장마다 배추 겉잎은 어린이집에서 주워 간다. 푹 삶아서 된장 풀어 된장국을 끓여주는 것이다.

친환경 쌀과 유기농 식단을 제공한다고 추가로 10만 원씩, 15만 원씩 비용을 더 냈는데 시장 바닥에 떨어진 배추 겉잎 주워서 끓인 된장국을 내 아이가 먹는다는 걸 알게 된 부모의 심정은 어떨까? 원장은 그렇게 끓인 된장국을 입에도 안 댄다. 원장과 교사인 원장의 딸은 점심 때 나가서 1만 5000원짜리, 3만 원짜리 점심을 먹는다. 물론 그 비용은 '손님 접대비'로 처리한다.

추석이나 설날 무렵에는 원장이 제사 때 사용하고 남은, 냉동실에 수개월 얼린 떡을 쪄 간식으로 준다. 곰팡이 피면 씻어서 찐다. 조리사만 아는 사실이다. 조리사들이 거의 친척이다 보니 이런 사실이 밖으로 새나갈 염려는 없다.

마른 빵 한 개를 여러 등분으로 나눠 우유도 없이 준다. 물이라도 넉넉하게 주면 좋으련만 '화장실' 자주 간다고 물도 조금만 준다. 화장실 변기 물도 아껴야 하는 원장 입장에서는 물도 넉넉하게 주고 싶지 않다.

국수를 삶으면 몇 가락 입으로 넣을 만큼만 준다. 군내가 나는 김치를 묵은지라고 볶아 먹으라고 준다. 그러면서 혹시라도 교사가 사진을 찍어서 인터넷 사이트에 올릴까 봐 출근하면 핸드폰을 압수하고 퇴근할 때 돌려준다.

본재료는 적게 넣고 물을 많이 넣어 양을 부풀린다. 가장 대표적인 음식이 오이냉국이다. 오이 몇 개 넣지 않고 소금으로 간을 해서 주면 이것보다 비용 대비 효과가 뛰어난 음식은 없다.

북어 한 마리 넣고 멀겋게 끓이는 북엇국, 다진 당근 넣고 끓이는 야채죽, 오래된 야채 다 넣어 만든 만두, 이미 6등분한 상태에서 다시 4등분한 김, 계란만 말은 계란말이……. 어떤 반찬을 만들든 참기름, 통깨, 마늘 같은 양념은 넣지 않는다. 기본양념 대신 조미료로 간을 하고 국에도 마늘, 파, 들깨 등 기본양념은 사용하지 않는다. 기본양념은 전부 원장 집으로 가져간다.

『2014년도 보육사업안내』에는 다음과 같이 기록되어 있다.(121쪽)

급식자재 공동구매를 기초지방자치단체에서 추진하되 어린이집연합회, 지방육아종합지원센터 또는 어린이급식관리지원센터 등과 공동수행 가능케 되어 있다. 공동구매 추진 단위별로 공급업체와 공통계약을 체결하고 어린이집은 공통계약 범위 내에서 개별 계약을 체결하여 상세 내용을 정함.

이 부분을 열 번도 더 넘게 읽었는데 무슨 말인지 이해하기가 힘들다. 또 "공동구매 추진 단위별로 표준 식단과 식자재량 등을 표시한 레시피를 제공한다"라고 되어 있다.

그렇다면 피망 2개로 80여 명을 먹이는 어린이집에 대해 조사가 들어가야 한다. 특히 공동구매를 하는 어린이집에는 부식류 납품 명세서가 있을 것이다. 일반 가정도 피망 2개보다는 더 살 것 같은데 원생이 80여 명인 어린이집에서 피망 2개를 구입한다면 의심해 볼 필요가 있다. 또한 원생 숫자가 비슷한 다른 어린이집에도 부식류가 들어가면 비교가 될 텐데 이러한 기구들은 납품 단가 결제만 확인하지 말고 데이터베이스를 작성하여 자료를 제출해야 함이 마땅하다. 공동구매 하는 어린이집별로 매일 또는 매주 들어가는 물품을 정리하여 동일한 규모의 어린이집 식자재 수량과 대조 검수하고 현저하게 적은 물량이 들어가거나 현격하게 많은 물량이 들어가는 어린이집은 뽑아서 시청이나 구청에 보고하도록 해야 한다.

단순 부식비를 납품하고 결제받는 일은 일반 업체에서도 한다. 그러나 기초지방자치단체에서 추진하되 어린이집연합회, 지방육아종합지원센터 등이 공동 수행 가능하고, 지방보육정책위원회가 공동구매추진위원회 대체도 가능하다면 공동구매 어린이집 구매 현황 보고서 정도는 작성하여 시구군에 전달함도 바람직하다.

피망 2개로 80여 명을 먹이고 닭 한 마리로 90여 명을 먹이고 무만 있는 '이름만 소고깃국'을 먹이는 어린이집이 있는 한 그러한 역할도 수행해야 한다. 어쨌든 공동구매에 대한 공신력 있는 기구 아닌가?

『2014년도 보육사업안내』에는 다음과 같은 내용도 있다.(122쪽)

공동구매추진위원회를 주축으로 한 '급식 재료 공동구매 모니터링단'을 구성하여 부정기 식자재 검수, 공급업체 현장 점검, 정기 간담회 개최 등을 통해 현장의 불만을 반영한 개선 사항 전달 등 사후관리 실시

물론 사후관리도 중요하지만 지금 가장 절실한 것은 부실 급식

에 대한 부모들의 불안을 해소하는 것이다. 지금 부모들은 자녀들이 검증이 안 된 중국산 급간식을 먹는 것은 아닌지 염려가 되고 농산물의 원산지 표시도 정확하길 바라며 영유아들이 정상적인 발달에 필요한 영양을 섭취할 수 있는 식단이 공급되기를 바란다. 닭 한 마리에 닭발 반 근을 넣어 끓인 멀건 국물을 삼계탕이라고 주는 어린이집이 있다는 기사를 접한 부모들은 가정통신문용 식단표를 믿지 못할 지경에 이르렀다. 더구나 100인 이상 시설은 영양사 1인을 두어야 하는데 그 영양사마저도 서류상 등록만 해놓고 근무하지 않는 영양사가 태반인 실정이므로 이제 부모는 자녀가 다니는 어린이집이 100인 이상이라면 조리사하고 영양사가 근무하는지 확인할 필요가 있다.

6 급간식 비리, 절대 근절 안 된다?

　어린이집에 근무하면서 부실한 급간식이 아이들에게 제공되는 걸 보는 교사들 심정은 하나같이 똑같다. '도대체 지도점검이나 평가인증은 왜 하는 거고, 운영위원들은 뭐하는 사람들인가? 왜 이런 것 하나 바로잡아주지 않나?' 하는 안타까움을 토로한다. 어린이집 유형은 구립 위탁, 시립 위탁, 법인, 직장, 각종 인증형, 공공형 등 다양하다. 아직도 서울형도 아니고 평가인증도 받지 못한 어린이 집이 수두룩하다. 보호 장치만 확실히 해주면 제보할 교사도 많지만 제보해봐야 불려만 다니고 피곤하기만 하고 근절이 안 되니 나는 아예 시작도 하지 말라고 교사들에게 권유하는 편이다.

　어린이집에 근무하다 도저히 양심상 더 근무할 수 없어 그만둔 어느 교사의 이야기를 들어보자.

아침 간식으로 견과류가 나올 때면 여지없이 바나나 말린 것을 준다. 그것도 서너 개 정도다. 가정통신문에는 견과류라고 써 있으니 호두, 땅콩, 잣, 아몬드 등을 준다고 생각한다면 오산이다. 바나나 말린 것 두어 쪽, 서너 쪽 주는 원장은 양반이다.

또 야채는 당근이나 오이 등을 얇게 썬 두 조각을 준다. 입에 넣고 몇 번 씹지 않아도 꿀꺽 넘어갈 정도로 얇게 나온다. 치즈도 한 장을 4조각으로 나누든지 2조각으로 나눈 것을 준다. 아이들은 맛있게 잘 먹는다. 나는 더 먹고 싶어 내 얼굴을 쳐다보는 아이들 눈을 애써 외면한다. 치즈, 견과류 같은 간식에 교사 몫은 없다. 보통 교사는 집에서 가져온 일회용 커피나 한잔 마신다. 식단에 있는 수제 돈가스 등 가격이 비싼 메뉴는 반드시 다른 메뉴로 대체한다. 나물도 비싼 나물은 글자로만 입력된 것이고 실제 아이들이 먹는 나물은 싼 다른 나물로 대체한다. 과일이나 생선을 살 때는 어린이집 영유아들에게 줄 것은 아주 싼 것으로 사고, 원장 자신 집에 가져갈 것은 최고로 산다. 물론 그것도 어린이집 급간식비로 지출한다. 같이 계산한 영수증을 붙인들 절대 지도점검에서 적발 안 된다. 구청 감사, 시청 감사도 몇 차례 나왔지만 알면서 그냥 가는 것인지, 진짜 몰라서 그냥 가는 것인지, 붙잡고 말해주고 싶었다. 교사 입장에서는 차라리 한 가지라도 걸리면 원장이 정신 차리고 시정하겠거니 하고 내심 기대를 한다. 그러나 지도점검 나온 공무원이 그냥 가면 말할 수 없는 실망감을 느낀다.

그렇다고 경찰에 매번 고소 고발을 할 수도 없는 일 아닌가? 어린이집 급간식 관련 점검은, 제대로 된 감사는 불가능하다고 여긴다. 원장하고 조리사하고 원감이나 주임하고 셋이서 짜고 같이 부식거리 집으로 가져가고 어린이집 운영비에서 지출하는 날도 있었지만 교사가 혼자서 제보한들 증거 다 찾아서 디밀어야 하는데 차라리 내가 그만두고 나가는 게 낫다. 같이 공모한 세 명이 말을 맞추면 곤경에 처할 것이 분명한데 그냥 외면하고 사직서를 제출했다.

급간식, 즉 영유아 먹을거리 부정을 보아도 결국 교사가 선택하는 길은 사직이다. 어린이집 간식, 점심에 대해 제일 잘 아는 내부자는 교사다. 그러나 이들에 대한 보호 장치가 마련되지 않는 한 제보를 한 교사들은 현장을 떠날 수밖에 없다.

2013년 12월 11일 보건복지부 김현준 보육정책과장은 "민간 어린이집 실태조사를 한 결과 대부분 어린이집 원장들이 회계 지식의 부족에서 오는 회계 불투명이 가장 큰 문제점으로 지적됐고, 허위 등록, 부정수급이 문제가 되고 있다"라고 발표를 했다. 또 "이걸 해결하기 위해 회계교육은 물론이고 컨설팅도 해주고 있는 상황"이라고 말했다.

아침 간식으로 나오는 견과류를 실제 구입한 지출 영수증 금액과 아이들에게 제공되는 것이 다르다고 교사들은 아우성인데 문제해결의 결정권을 쥔 보건복지부 담당 보육정책과장이 회계 지식 부족에서 오는 문제로 인식을 하고 있는 것이다.

친환경 농산물, 친환경 쌀을 제공한다고 적게는 5만 원, 많게는 10만 원씩 별도로 부모들에게 받고 있으면서 국적 불명의 농산물을 제공하고 어른들은 냄새가 나서 못 먹을 제일 싼 쌀을 제공하는 원장에게 회계 교육을 시켜주고 컨설팅을 해준다고 우리 아이들을 대상으로 하는 급간식 부정을 바로잡을 수 있을까?

아이들이 오전 간식 먹을 때, 점심 먹을 때, 오후 간식 먹을 때 구입한 금액대로 음식이 제공되는지 아무도 점검하지 않는데 회계 교육 백날 시켜봐야 못 고친다. 영수증, 계좌이체, 지출결의서만 보고 가는 지금의 구청 감사, 시청 지도점검으로 영유아들이 얇은 오이를 2쪽 먹었는지, 썩은 달걀을 먹었는지 찾아낼 도리가 없다.

이런 식으로 문제를 해결할 수 있다고 생각하는 보건복지부 공무원이 있는 한 우리 아이들은 꿀꿀이죽을 먹는 수준에서 못 벗어난다.

직접 부식을 받아들고 조리를 하는 조리사가 신고할 수 있는 통로를 만들지 않는 한, 교사가 제보를 하고 신분상 피해를 받지 않게 보호 장치를 만들지 않는 한, 업체들이 똘똘 뭉쳐 영유아들 먹는 걸로 부정을 저지르는 어린이집에는 납품하지 않겠다는 대대적인 납품 거부 운동이 일어나지 않는 한 보건복지부에서 실시하고 있는 원장들 상대 회계 지식 교육, 컨설팅으로는 어린이집 부실 관련 비리를 못 막는다. 괜히 원장들 회계 교육 시킨다고 회계 컨설팅 한다고 아까운 국고만 투입하는 것은 예산 낭비요, 전국 약

130만여 명 부모를 기만하는 것이고, 공공형 어린이집 선정에 영향을 주는 평가인증 제도도 기만책에 불과하다.

『2014년도 보육사업안내』 부록에는 다음과 같은 항목이 있다.(50쪽)

> 6. 급간식비(211목)
>
> 나. 일반사항
>
> • 보육아동의 건강과 영양을 고려하여 아래 기준에 따라 집행하도록 노력하여야 함
>
> – 아동 1인당 적정 수준의 비용을 지출하여야 함. 이는 최소 1750원 이상으로 시군구에서 시설별, 지역별, 보육 아동 구성 등을 고려하여 설정
>
> – 다만, 누리과정을 실시하는 반(독립반, 혼합반 모두 포함)의 경우 2000원 이상으로 어린이집에서 집행할 수 있도록 노력하여야 함.

아동 1인당 1750원을 제공하지 않고 여기서 절반을 원장이 빼먹는 사실을 적발하지 못하는 현실도 안타깝지만, 양심 불량 원장을 회계 교육과 컨설팅으로 바로잡겠다는 중앙주무부처 보건복지부의 발상에 깊은 애도를 표한다.

7

표시 나지 않게
머리를 때리라고 가르치는 원장

통상 어린이집 보육 시간은 오전 7시 30분부터 오후 7시 30분까지다. 12시간. 지금은 시간 연장 보육이라는 제도가 생겨 아이들이 밤 10시까지 어린이집에 머물 수 있다. 실제 저녁 시간에는 보육 프로그램이 없다. 야간 선생님이 같이 데리고 있으면서 저녁 먹고 같이 TV보는 게 전부다.

어느 선생님이 들려준 어린이집 이야기를 소개해보려 한다.

선생님이 근무하던 어린이집은 시간 연장 보육이라는 제도가 없을 때도 아이들을 밤 10시까지 보육하거나 데리고 잤다. 아예 월요일부터 금요일까지 주 5일을 데리고 있고 주말이 되면 엄마가 데리러 오는 아이들도 있었다. 가끔 주말에 부모가 오지 않으면 주일날 데리고 교회 예배도 드렸다. 밤에 장사를 해야 하는 가정의 아이들과 이혼한 가정의 아이들을 주로 보육했다. 어린이집 교사들이 퇴근하고 나면 3층 원장 집에서 지낸다. 원장은 아이들에게는 거실에 있으라고 하고 자기 자식부터 저녁을 먹였다. 아이들이 배가 고파 물끄러미 바라보면 거실에 가서 앉아 있으라고 소리를 쳤다. 아이들은 기다리다 지쳐 잠이 들기도 하는데, 그러면 저녁을 굶고 자게 된다.

원장 아이들과 같은 또래다 보니 다툼이 자주 일어나곤 했는데, 그럴 때면 원장이 돌보는 아이의 머리를 한 대 쥐어박았다. 그러면 원장의 자녀가 따라서 그 아이의 머리를 한 대 친다. 그럼 맞은 아이가 원장의 아이를 때린다. 그러면 원장은 어디 누굴 때리느냐고 아이의 머리를 서너 차례 더 때린다. 그러면 돌보는 아이는 큰 소리로 운다. 원장의 남편이 퇴근해서 들어오다 그 광경을 목격하면 "집구석에 들어오고 싶지 않게 만든다"고 버럭 화를 내고 양복 윗도리를 거실에 던진다. 그러면 겁에 잔뜩 질린 아이는 울음을 뚝 그친다. 이때 원장의 자녀가 자기가 때린 것은 말하지 않고 맞은 것만 고자질한다. 그러면 그 원장 남편이 돌보는 아이의 뺨을 후려친다.

원장은 말리기는커녕 이렇게 말한다. "머리 때려. 머리카락이 있어서 표시 안 나. 얼굴 때리면 멍들고 자국 남아. 그러면 교사도 눈치채고 애 엄마가 알아챈단 말이야."

믿기 힘들겠지만 이게 현실이다. 머리를 맞은 그 아이들은 이제 성인이 되었겠지만 그 가슴에 있는 멍은 그대로 남아 있을 것이다. 아이 마음에 멍들게 한 그 원장 부부가 아직도 어린이집을 운영하는지 궁금하다.

어린이집에 근무하는 교사들은 원장이 폭행을 하는데 방관자가 되어선 안 된다. 교사, 즉 어린이집 보육교직원은 아동복지법 제25조의 규정에 의한 신고의무자로서 직무상 아동학대를 알게 된 경우 즉시 아동보호전문기관 등에 신고해야 할 의무가 있다. 신고 의무를 이행하지 않을 경우 과태료 300만 원 이하가 부과된다. 과태료 때문이 아니더라도 자신의 눈앞에서 아이가 폭행을 당하는데 침묵하는 것은 교사 이전에 인간의 도리가 아니다.

어린이집에서 일어나는 영유아 학대뿐 아니라 부모의 아동학대까지도 교사가 제일 잘 안다. 아이의 신체 변화는 하루 종일 같이 있는 교사가 가장 정확히 알 수 있다. 상대가 원장이 되었든 부모가 되었든 영유아 폭행에 대해선 어린이집 교사들이 파수꾼이 되어주어야 한다. 머리를 때려야 머리카락에 가려 표시도 안 나고 피멍이 들어도 모른다는 이런 어린이집 원장이 있는 한 교사들의 용기가 절대적으로 필요하다.

어린이집을 그만둔 교사의 제보다.

생후 9개월 된 아이가 계속 울었다. 신입 교사는 아이를 업어도 보고 안아도 보고 울음을 그치게 하려고 땀을 뻘뻘 흘렸다. 그때 낮잠을 한숨 자다 아이 울음소리에 잠을 깬 원장이 화를 내면서 가제수건을 아이 입에다 쑤셔 넣었다. 입 안 가득 가제수건이 들어가니 아이는 파랗게 질렸고 울음소리는 들리지 않았다. 교사는 놀란 아이를 안고 입에 들어간 가제수건을 꺼냈다. 아이는 더 이상 울지는 않았지만 울먹거렸고 잔뜩 겁에 질린 상태였다. 원장은 아이가 우는 소리가 밖으로 나가면 저 어린이집은 왜 저렇게 아이를 울리느냐고 소문나서 원아 모집이 안 된다고 책망하였다. 그러고는 "우는 아이를 언제 어르고 달래서 그치게 하느냐"고 타박을 준 다음 "이런 것도 노하우니 배워 나중에 써먹으라"고 했다.

그 이후에도 원장은 자신의 잔인한 노하우를 종종 과시하곤 했다. 우는 아이를 빈방에 가두고 20~30분씩 방치했는데, 아이의 울음소리가 들리지 않아 문을 열어보면 아이는 울다가 잠이 들어 있었다. 또 흰 우유를 먹지 않으려고 하는 아이가 있으면 아이를 붙잡고 우유를 먹으라고 소리를 치거나 윽박질렀다. 그래도 안 먹으면 안고 입에다 흰 우유를 들이부었다.

이때도 원장은 "아이가 우유를 안 먹어 살이 빠지면 부모들이 항의하고 구청에 민원을 내기 때문에 나부터 살고 봐야 한다"고 설명했다. 아이들이 울거나 떼를 쓰거나 우유를 안 먹으면 원장은 히스테리에 가까운 반응을 보였다. 아이들만 겁에 질리는 것이 아니고 근무하는 교사들조차 겁에 질려 근무하기가 어려울 정도였다.

교사가 그만두겠다고 사직서를 내니 일 년도 안 채우고 그만두면 가만두지 않겠다는 둥, 다른 어린이집에서 일하지 못하게 막겠다는 둥 막말을 하며 악을 썼다. 교사는 자신이 어린이집에 근무를 하고 못하고 문제보다 아이들이 당하고 있는 사실을 부모에게 알려야겠다는 생각으로 퇴근 후 부모에게 전화를 걸어 어린이집에서 일어난 일을 다 전하고 그 부모는 수사를 촉구하는 진정서를 경찰에 제출하였다.

울거나 우유를 먹지 않는다고 영유아들을 학대, 폭행한 원장은 검찰로 넘겨졌고 교사들의 일관된 증언이 증거가 되어 그 원장은 아동복지법 위반으로 처벌을 받았다.

이렇게 교사 한 명의 용기로 피해 영유아들을 구할 수도 있지만, 교사 한 명의 침묵이나 방관으로 학대 행위가 은폐되기도 한다. 돈에 혈안이 된 원장들이 이제 이성을 잃고 말 못하는 아이들을 학대, 폭행하고 있다. 그런 원장이야 처벌받아 형무소를 가든 과징금을 내든 어떤 형태로든 마무리가 되겠지만 상처받은 아이들은 누가 치유해줄 것인가? 이러한 기억이 먼 훗날 아이들 정서에 어떤 영향을 미칠 것인지 우리는 심각하게 고민해야 한다.

8 아이를 골방에
가두는 어린이집

아침 출근길, 출근은 해야 하는데 아이는 떨어지지 않으려고 운다. 선생님한테 가지 않고 자지러지게 울며 매달린다. 난감한 워킹맘은 지각을 좀 하더라도 아이를 어린이집에 두고 가야만 한다. 원장하고 상담을 해도 "엄마랑 헤어질 때만 잠깐 울지 이내 그친다"고 걱정 말고 가라고 한다. 선생님한테 별도로 용돈을 주면서 아이를 부탁하고 돌아선다. 자지러지게 우는 아이를 떼어놓고도 뒤돌아보면 아이가 더 울까 봐 후다닥 어린이집을 나온다.

근 일주일을 아이와 아침마다 똑같은 씨름을 한다. 전달 수첩에는 언제나 하루 종일 잘 지낸다고 써 있는데 엄마는 마음이 편치가 않다.

어린이집에는 혼자 앉아 생각하는 의자가 있다. 산만하거나 다른 친구를 괴롭히거나 전체 프로그램에서 이탈하여 문제를 일으키는 아이를 의자에 앉혀 잠시 행동을 중단시키는 것이다. 물론 이 의자는 수업을 진행하는 교사 옆에 두고 아이가 앉는다.

그런데 일부 어린이집에는 혼자 생각하는 골방도 있다. 다용도실 크기만 한 창고일 수도 있고 교사들 자료를 넣어두는 자료실일 수도 있다. 너무 우는 아이를 그곳에 데려다 놓는 것이다. 일단 교사는 수업을 해야 하니 원장이 우는 아이를 돌본다. 험한 얼굴로 계속 울면 이 방에 혼자 두고 자기는 나가겠다고 겁박을 한다. 불을 끄는 시늉도 한다. 컴컴한 방에 혼자 남을 아이는 울지 않겠다고 약속을 한다. 그러나 그 방에서 나오면 아이는 다시 운다. 엄마보다 더 좋은 선생님은 없다. 엄마보다 더 좋은 원장은 없다. 엄마랑 같이 있고 싶어 하는 아이가 우는 것은 지극히 당연한 일이다. 그러나 그 아이 하나가 울면 다른 아이들도 따라서 운다. 과자를 주어도 울음을 안 그치고 장난감을 주어도 울음을 그치지 않으면 아이 엄마한테 전화해서 데리고 가도록 해야 한다. 그게 맞다.

그렇게 한다고 아이를 데리러 오는 엄마도 드물지만, 원장은 아이 한 명으로 인해 들어오는 수입이 적게는 30만 원에서 많게는 70만 원에 달하는데 적응을 못한다고 부모에게 보내지 않는다. 그렇다 보니 아이는 골방에 들어가 혼자 울다 지쳐 잠이 드는 것이다. 다른 친구들 놀이할 때 우는 아이는 자료실이나 다용도실 골방에서 혼자 운다. 잔인한 원장은 아이가 자지러지게 우는데도 버릇을 고친다며 아이 혼자 놔둔 채 방 불을 끄고 문을 잠가버린다. 아이가 숨넘어갈 듯 우니 교사는 안쓰러워 자신이 돌보겠다고 해도 우는 버릇 고쳐놓겠다며 교사는 근처에도 못 가게 한다.

　아이는 어둡고 무서운 방에서 혼자 울면서 다시는 안 울겠다며 문 열어달라고 애원을 한다. 원장은 다시는 울지 않겠다는 다짐을 받고 아침마다 올 때 울지 않겠다는 다짐을 받는다. 울면 엄마가 간 뒤에 이 방에 혼자 두겠다고 하면 아이는 다시는 울지 않겠다고 약속을 한다. 이런 일을 반복적으로 당한 아이들은 체념해버리고 만다. 자신은 울음으로 말을 하지만 엄마는 진실은 모른 채 어린이집에 계속 보내니, 혼자 있는 컴컴한 방에 가기 싫은 아이는 울음을 멈출 수밖에 없다. 그러면 원장은 아이가 적응을 했다고 말하며 엄마를 안심시킨다.

　보통 영유아 학대라고 하면 온몸에 멍이 들고 피를 쏟아야 언론을 통해 드러나고 그제야 심각하게 받아들인다. 그건 학대에 대해 너무도 관대한 범위다. 어린이집 안에서 소소하게 일어나는 학대는 언론에서 다루지도 않는다.

　30센티 자를 세워서 영유아 머리를 내려치거나 수건으로 머리를 때리거나 얼굴을 때리는 일도 서슴지 않고 일어난다. 육중한 어른 손으로 뺨을 때리거나 하는 행위는 안 했다고 하면 끝이다. 멍이 들어 표가 나는 것도 아니고 어린이집에서 근무하는 이들이 다 짜고 그런 사실이 없다고 하면, 영유아가 어린이집 가기 싫어서 "어린이집에서 때려요"라고 거짓말하는 거라고 하면 밝혀낼 도리가 없다. 아이가 낮잠을 자기 싫다고 하면 원장이 소리를 지르고 그래도 안 잔다고 하면 때리는 일도 허다한 일이다. 아직 모든 면에서 움직임이 미숙한 영유아를 어른이 밀쳐 보육실 바닥에 내동 댕이치는 일도 빈번하게 일어난다.

영유아 학대는 어린이집 내부에서 일어난다. 그러나 어린이집에 CCTV가 있어도 꺼놓고 녹화를 안 하면, 고장을 내고 고치지 않으면 설령 신고가 들어가도 말싸움밖에 안 된다.

구청이나 시청에 영유아 학대 관련 문의를 하면 다음과 같은 답변을 듣는다.

> "아동학대의 경우 관할 관청, 아동보호전문기관, 수사기관에 신고하여 처리할 수 있겠으나, 동 사안의 경우 일단 아동보호전문기관(1577-1391, 전국 동일)과 먼저 상담하시어 아동학대 판정 가능 여부나 처리 절차 등에 대하여 안내받으시는 것이 타당해 보입니다. 현재 아동학대는 객관성과 전문성을 기하기 위해 아동보호전문기관에서 현장조사 및 사례 판정을 실시하고 있습니다."

답변이 미흡하다 싶어 여성가족부에 문의를 하면 이런 대답이 돌아온다.

> "영유아를 대상으로 하는 어린이집(보육시설)에 대한 비리 조사는 보건복지부에서 진행합니다. 그 이유는 보육시설에 대한 업무를 담당하는 부서가 보건복지부 보육기반과이기 때문입니

다. 또한 아동에 관한 업무는 대부분 보건복지부 아동복지과에서 담당하고 있습니다(지역아동센터만 아동권리과에서 담당). 현재 여성가족부가 담당하고 있는 시설 업무는 아래와 같이 여성 중심으로 되어 있기 때문에, 어린이집 비리와 아동학대 문제에 관여할 수 없습니다."

이게 현실이다. 영유아, 아동학대에 대한 신고가 들어가면 어떤 부서든 바로 접수하여 관할 부처에 넘겨주는 시스템조차도 안 되어 있다.

폭력을 당한 아이들은 영유아들이다. 어떤 폭력을 당했는지 아이의 진술에만 의존하다 보니 재판을 해도 시간만 끌다가 무혐의로 결과가 나오거나 경미한 처벌만 받는다. 폭력에 시달린 영유아만 "낮잠 자자"라는 소리만 들어도 운다. "너 혼자 방에 있어" 하면 자지러지게 놀라 운다. 심지어는 발작 증세를 보이기도 한다. 아이에게 이러한 증상이 생기는데 원장은 무혐의다. 어린이집에서 폭력 행위가 없었다는 결과가 나오면 부모는 어디다 호소할 곳이 없다.

어린이집에 CCTV를 설치하고 각 보육실에 CCTV를 설치하는 일을 더 이상 미뤄선 안 된다. 365도 회전하여 사각지대까지 촬영이 가능한 것으로 설치해야 한다. 폭력 행위는 있는데 가해자가 없다. 매 맞은 영유아는 있는데 폭력을 휘두른 원장은 없다. 여기에는 '아이가 맞을 짓을 했다'는 근무자들 전원의 암묵적 동의가 있기 때문이다. 보호받고 양육받을 0세부터 미취학 아동 7세까지 이 영유아들이 원장이나 어른들에게 '매 맞을 짓'이라는 건 없다. 지금처럼 가해자와 그 가해자를 제보하지 않는 어린이집 근무자가 존재하는 한, 어린이집 내 영유아 폭력 및 학대를 잡아낼 방법은 CCTV밖에 없다.

9

낮에 너무 재워서
밤에 안 자는 아이들

어린이집 오전 7시 30분부터 저녁 7시 30분까지 12시간 동안 보육이 이루어진다. 아침에 부부가 모두 출근해야 하는 맞벌이 가정이 아니라면 아이들은 거의 오전 9시 30분에서 10시 사이에 원에 도착한다. 오전 정규반 수업만 마치고 정규반 아이들이 하원하면 종일반 아이들은 잠을 재운다.

먼저 불을 끄고 음악을 켜놓은 후 다 눕혀 자라고 한다. 이때 "자기 싫어요"라고 말하는 아이는 혼낸다. 그러면 아이는 울다가 잠이 든다. 교사들도 그 시간에 같이 한숨 잔다. 그러나 유난히 안 자려고 하는 아이가 있다. 그럼 그 아이는 일어나 앉아 있으라고 한다. 아무것도 하지 말고 가만히 앉아 있으라고 한다. 이 아이가 장난감을 가지고 놀거나 시끄럽게 하면 다른 아이까지 다 깨므로 조용히 있으라고 한다. 5분도 가만히 있지 못하는 아이들에게 잠자는 시간

1시간을 혼자 우두커니 있으라고 해보라. 이건 아이에게 형벌이나 다름없다.

그나마 평가인증을 실시하기 전에는 교사 숫자가 적은 어린이집에서만 잠을 재웠다. 그러나 평가인증을 실시한 이후에는 모든 어린이집이 종일반 아이들을 재운다. 아이들이 자는 시간에 교사가 부모에게 전달할 전달 수첩을 적어야 하기 때문이다. 또 아이가 오늘 하루 뭘 먹고 뭘 하고 놀았고 어떤 수업에 어떤 반응을 보였고 이걸 다 당일 보육일지에 써야 하므로 아이들을 재워서 시간을 마련하는 것이다.

종일 보육 원아들은 평균 오후 6시 30분에서 7시 30분 사이에 하원을 하는데 원아들이 다 하원을 하고 보육일지를 쓰면 퇴근이 늦어진다. 아이가 하원하기 전에 적어야 매일매일 부모에게 전달해야 하는 전달 수첩을 하원할 때 가방에 넣어줄 수 있다. 보육일지를 일주일씩 미뤘다가 토요일이나 일요일 주말을 이용하여 한꺼번에 쓸 수도 있지만 그렇게 하는 교사는 없다. 거의 하루 일과 중에 아이들을 다 재우고 그 시간에 각종 서류 및 일지, 수첩을 적는다.

하루 일과 중 낮잠을 재우는 시간이 30분에서 40분, 60분으로 점점 늘고 있다. 아이들이 잠을 오래 자주어야 교사가 할 일을 마무리할 수 있기 때문이다. 그렇다 보니 아이들은 집에 돌아가면 밤늦게까지 잠을 안 잔다. 낮잠을 많이 잤으니 잠이 올 리가 없다. 맞벌이 부부들은 자고 출근을 해야 하는데 아이가 잠을 자려 들지 않고 자꾸 놀자고 하니 이중고가 말이 아니다. 원장하고 통화를 해봐도 교사랑 통화를 해봐도 늘 대답은 똑같다. 잔 적 없는데요. 재운 적 없는데요. 한 10분, 15분 그 정도 잠깐 잤다는 얘기만 앵무새처럼 한다. 퇴소할 생각도 없는데 CCTV를 보여달라고 했다간 아이한테 피해가 갈 것 같아 확인도 할 수 없다.

아이는 계속 "엄마 나 자기 싫어, 불 꺼져 있어, 무서워"라고 말하는데 교사랑 원장은 아이가 거짓말을 한다는 식으로 몰고 간다. 오후 2시 30분부터 3시 30분 사이에 어린이집을 불시에 방문해보면 아이들은 전원 자고 있다. 교사가 업무를 볼 시간을 내기 위해 잠이 안 오는 아이를 억지로 재우는 것도 문제지만, 아이들을 강제로 재우고도 부모와 상담할 때는 그런 일이 없다고 응대하는 거짓 상담이 더 문제다. 그러나 그걸 확인할 길은 없다. 정해진 시간에 교사가 보육도 했고 보육일지도 쓰고 부모에게 전달하는 수첩도 다 기록되어 있는데, '선생님이 반 전체 아이들의 수첩을 다 적을 동안 우리 아이들은 누가 보육하고 누가 데리고 있었을까?' 하는 문제의식을 가지는 영유아 부모도 없다.

다시 한 번 말하지만 어린이집 비리 경찰 수사는 멈추면 안 된다. 경찰 수사는 국고횡령과 공금횡령에 초점을 맞추겠지만 경찰이 어린이집 수사를 하고 있다는 사실만으로 원장들은 긴장한다. 그래야 상식 이하의 보육을 하지 않고 아이들에게 좀 더 신경 쓴다.

그 어떤 공무원이 지도점검을 한다고 해도, 그 어떤 기관에서 모니터링을 한다고 해도 경찰 수사보다 더 강력할 수는 없다. 어린이집 비리 척결 원년으로 만들겠다는 경찰의 의지를 보여주면 약 130만 영유아 부모는 쌍수를 들고 환영할 것이다.

잠자기 싫다는 아이들을 강제로 재우는 일도 폭력이다. 먹기 싫다는 아이들을 강제로 먹이는 것도 폭력이다. 이러한 행위들이 폭력이라는 것조차 모르는 원장들에게 경종을 울릴 필요가 있다. 운다고 빈방에 혼자 방치하는 아이 기억 한편에는 두려움, 무서움, 불안이 쌓이고 있을 것이다. 물론 아이들이 이렇게 두렵고 무서운 기억에 휩싸이지 않도록 하는 것은 어린이집 원장과 교사와 부모의 할 일이다. 그러나 이러한 일이 계속 방치, 은폐되고 있다면 경찰이 나서야 한다. 자격 미달 어린이집은 퇴출해야 마땅하다. 우리 아이들을 보호할 사람은 어른이다. 그 어른들이 제대로 된 역할을 못해준 세월이 약 20여 년이다. 거의 뿌리가 뽑힐 순간에 경찰 수사가 중단되었다. 기왕 칼을 뺀 송파경찰서가 다시 한 번 강한 의지를 가지고 수사를 확대해 어린이집 비리 척결의 선봉장이 되길 바란다.

10 아이에게 감기약 이틀분을 한 번에 먹인 교사

어린이집 원장 중에 가장 비참한 사람은 자기 비리 다 알고 있는 직원을 해고하지 못하는 원장이다. 차라리 관공서에 걸리면 속이라도 편할 텐데 관공서 지도점검도 잘 넘어가고 평가인증 관찰자 눈도 잘 피해 갔는데 같이 근무하는 교사나 조리사한테 약점이 잡혀 공갈 협박 받고 돈까지 뜯기는 신세가 되기도 한다.

20인 가정 어린이집의 원장은 자신의 급여로는 별도로 국고지원을 받지 못한다. 그러다 보니 보육교사를 겸직해서 급여를 교사 몫으로 챙기는 원장들이 많다. 그러나 실제는 오전, 점심, 오후, 밤 차량 운전도 하고, 퇴근 후 24시간 마트에 가서 시장도 보고, 점심 때는 밥도 해야 하고, 오전 오후 간식도 준비해야 하고, 기본 급여를 받으니 교사 역할도 해야 한다. 그리고 남들이 다 자는 오밤중에 원장 업무를 한다. 이러다 보니 자신의 역할을 도와줄 사람이 필요하다.

한 원장은 "원장이 하는 일을 대신 다 해주겠다"는 말에 귀가 솔 깃해 40세 아줌마를 조리사로 등록하였다. 원장은 구세주를 만난 기분에 철석같이 믿었다. 그 아줌마가 점심을 준비하고 설거지까 지 마친 다음 오후에 차량 운전까지 해주니 원장은 편했다. 더구나 원장이 맡는 반 아이들까지 돌보아주니 원장은 그사이에 잠깐 잠 도 잘 수 있었다.

어느 날 한 아이의 할머니가 찾아오셔서 이틀분 감기약을 다 먹 인 것인지 쏟은 것인지 물으러 왔다. 이틀분 감기약을 담아서 보낸 약이 빈 통이라서 어떻게 된 일인지 알아보러 왔다는 것이다. 원장 은 일단 자기가 잘못하여 쏟았다고 답변하고, 다음부터는 그런 일이 생기면 전달 수첩에 적어드리겠다고 사죄하고 일단락을 지 었다.

그런데 어느 날, 한 엄마가 찾아와서 아이가 "감기약 한꺼번에 먹기 싫어"라고 말해서 무슨 말이냐고 물으니 "자꾸 선생님이 감기 약을 병째 입에다 부어 그냥 마시라고 한다"는 것이었다. 원장은 자기가 수업하므로 그런 일이 없다고 거짓말을 하고 아이가 잘못 말했다고 몰아붙였다. 아이 말만 듣고 따지러 왔느냐고 오히려 아 이 엄마를 몰아세웠다.

그때부터 뭔가 이상하다고 여긴 원장은 그 조리사가 아이들을 보육할 때 살짝 지켜보았다. 일주일 정도 지켜볼 때는 아무 일도 없었다. 괜한 의심을 했다고 생각한 원장은 기존에 하던 대로 그 조리사한테 점심을 맡기고 하원 차량도 맡기고 보육도 맡기면서 편한 마음에 더는 의심을 안 했다. 그렇게 6개월이 흘렀다.

하루는 조리사가 드릴 말씀이 있다고 하면서 자기처럼 자격증이 없는 사람에게 아이들을 맡긴 것을 경찰에 고발하겠다고 나왔다. 놀란 원장은 자기한테 섭섭한 게 있어서 그런다고 여기고 얼른 50만 원을 주면서 생활비에 보태 쓰라고 했다.

그렇게 2~3개월이 지난 후 그 조리사는 또 같은 내용으로 협박하면서 500만 원을 요구했다. 어이없는 원장은 하고 싶은 대로 하라고 대판 싸우고 조리사를 내보냈다. 그러나 문제는 그때부터였다.

그 조리사는 한 아이의 가정을 방문하여 그동안 자신이 아이를 원장 대신 보육했고 일지도 자신이 썼으며 자신은 정신이 약간 이상해질 때가 있는데 그럴 때 정신을 차리고 보면 아이한테 감기약 한 통을 다 먹였더라고 고백을 한 것이다. 그 이야기를 들은 할머니는 원에 찾아와 원장을 무릎 꿇린 후 당장 경찰서로 가자고 한바탕 난리를 폈다. 원장은 울면서 죄송하다고 손이 발이 되도록 빌었지만 화가 난 할머니는 막무가내였다.

그때 조리사가 어린이집에 전화를 했다. 그러고는 하는 말이 그 할머니는 자기 말만 듣고 저러는 것이니 자신이 그런 말 한 적이 없다고 해 줄 테니 대신 자신을 다시 조리사로 써달라는 거였다. 원장은 이 순간을 모면해야겠다고 생각하여 그렇게 해주겠다고 하였다. 약속을 받은 조리사는 어린이집으로 와서 그 할머니한테 내가 언제 그런 말을 했느냐며 할머니를 내쫓았다. 그 할머니는 손녀를 다른 어린이집으로 옮겼다.

원장은 조리사가 소름 끼치도록 싫었지만 자신의 약점을 쥔 그를 다시 채용하여 원에 두었다. 그러나 전처럼 보육을 맡기지는 않고 허드렛일만 시켰다. 하지만 그 조리사의 정신 상태를 확인할 수 있는 진단서를 요구하지는 못했다. 다른 교사들은 약간 이상한 사람 같다고 같이 근무할 수 없다고 했으나 부모를 속이고 교사들을 속이면서 다시 채용을 하였다. 원장 자신의 약점 때문에.

그러나 그것이 전부가 아니었다. 아이들과 같이 밥을 먹을 때 그 조리사는 자꾸 손으로 밥을 집어 먹었다. 한 번도 밥 먹는 모습을 본 적이 없는 원장은 그제야 이상한 행동을 보게 되었다. 손이 편하다는 조리사를 보고 아이들은 재미로 따라 했다. 그런 반복된 이상한 행동으로 다른 교사들은 조리사 교체를 요구하였지만 원장은 해고할 수가 없었다.

그러던 어느 날 이번에는 그 조리사가 구청에 신고를 하겠다고 했다. 원장이 종일 보육은 하지 않고 정규반이 하원하면 다른 교사한테 아이들을 맡기고 자신은 야간 대학교에 수업 들으러 다니는 게 법에 맞는지 신고하겠다는 거였다. 그러면서 자신의 월급을 최저임금 조리사 급여로 계산해달라고 요구했다. 정산을 해보니 약 600여만 원이었다. 원장은 시간당 알바비로 계산하여 약 50만 원을 주고 있었는데 최저임금으로 정산하여 밀린 600여만 원을 달라는 요구였고, 약점을 단단히 잡힌 원장은 그렇게 해줄 수밖에 없었다.

게다가 그 조리사는 4대 보험도 들어주고 소급하여 4대 보험을 다 납부해달라고 했으며 퇴직금도 요구했다. 원장은 정신이 약간 이상한 이 사람의 심사를 건드리면 또다시 무슨 짓을 할지 몰라 요구를 다 들어주었다. 정신에 문제가 있는 조리사를 해고하지 못하는 원장 심정을 알지 못하는 교사들은 스스로 사직서를 내고 떠났다. 엄마들은 계속 민원을 내었고, 결국 그 원장은 엄마들의 잦은 민원으로 지도점검을 받고 처벌을 받아 어린이집을 폐쇄할 지경에 이르렀다.

그러나 그 당시 관할 구청 계장이 일이 더 확대되면 구청도 다치니까 그냥 국고보조금 환수금으로 2000만 원만 내고 빨리 대표자와 원장 명의를 교체하고 권리금을 받든 못 받든 제삼자에게 넘기라고 선처를 해주었다. 그 덕분에 원장은 어린이집을 불법 매매한 후 권리금 6000만 원을 얹어서 받은 돈을 챙겨서 유유히 사라졌다. 그 어린이집은 시설 정지도 폐쇄 처분도 받지 않고 지금도 운영되고 있다.

11 현장체험학습비의 절반은
원장 몫?

어린이집의 회계상 수입은 보육료와 수익자 부담금이다. 영유아 부모들은 매월 11일 전후로 '아이 사랑 바우처' 형태의 보육료를 카드 결제로 납부한다. 통상 수익자 부담금은 현금으로 낸다. 현금으로 수납한 학부모의 수익자 부담금도 통장에 다 입금하여 지출해야 한다.

그러나 구청이나 시청별로 통장에 입금을 하지 않아도 지적을 하지 않는 곳이 있는가 하면 절반이든 1/3이든 수익자 부담금이라는 명목으로 별도 통장에 입금만 해도 넘어가는 경우가 있다. 정확하게 하려면 수익자 부담금을 원아명으로 다 확인하고 정확하게 입금되고 있는지 확인할 필요가 있다.

가장 허술한 것이 현장체험비다. 교통비, 입장료 명목으로 1만~5만 원까지 받는다. 보통 입장료가 무료인 군부대, 소방서, 승전기

념관, 박물관, 공원으로 가는 일이 허다하고, 차 타고 가서 내려 아이들이 줄을 맞춰 구경하게 한 후 다시 차를 타고 오면 되는데도 말이다. 물론 밖에 나가니 아이들은 좋아하고, 교실에서 수업을 할 때보다 볼거리도 훨씬 많다. 이것도 활동은 맞다.

도자기 체험, 여름 캠프, 겨울 캠프 이건 학부모가 부담한 비용의 절반이 실제 현장체험비라고 보면 된다. 5만 원이면 2만 5000원, 3만 5000원이면 1만 7500원, 1만 원이면 5000원, 업체에서 어린이집에 주는 비용이다. 이 비용도 특별활동비를 **빼돌릴** 때와 동일한 방법으로 **빼돌린다**.

보건복지부는 5000원이든 1만 원이든 5만 원이든 실제 지출하는 비용만큼만 1/n 해서 현장체험학습비를 받아야 한다고 요구한다. 그래서 반드시 수익자 부담 통장에 전액을 입금하여 지출하게 한다. 그리고 과다하게 받아 지출한 후 돈이 남으면 다시 1/n로 나누어 부모한테 돌려줘야 한다고 요구한다.

그러나 어린이집은 실제 업체에 주는 비용의 배를 학부모한테 현장체험비라고 받는다. 실제 들어가는 비용이 5000원이면 1만 원을, 2만 원이면 4만 원을, 3만 원이면 6만 원을 받는 식이다. 그리고 학부모에게 받은 수익자 부담금을 전액 통장에 입금하는 경우에는 전액을 업체에 지출비용으로 입금하여 현금으로 돌려받든지, 사전에 별도로 받은 통장에 입금하여 인출 후 실제 비용만 업체에 입금한다. 지도점검 시 일일이 명단과 금액을 대조하지 않는 맹점을 이용하는 것이다.

어린이집의 유일한 수입원인 학부모 수익자 부담금이라는 명목의 입학금, 연간 교재비, 동하 원복비, 특별활동비, 현장체험비 기타 등등을 현금화하여 어린이집 원장의 생활비로 사용한다.

일부 어린이집이 시의 보육료 지원 외에 '필요성 경비(특별활동비 등)'를 별도로 청구하고 있어 학부모들의 불만을 사고 있다는 기사가 올라온 적이 있다. 실제 그 지역의 일부 어린이집에서 청구하는 필요성 경비는 매달 적게는 11만 원에서 많게는 15만 원에 이르렀다. 일부 어린이집이 아니라 전국 어린이집의 거의 대부분이 이 정도 금액을 필요성 경비로 납부할 것을 요구하고 있다.

학부모들이 아무리 불만을 이야기해도 이 필요성 경비는 원장들의 편법화된 생활비 몫이기 때문에 관공서는 암묵적으로 용인할 수밖에 없다. 이걸 차단하면 폭동이 일어날지도 모른다. 원장들 생존 문제와 바로 직결되는 사안이기 때문이다.

현금으로 납부할 것을 요구하고 카드 결제가 안 된다고 말하는 어린이집은 이제 설명해야 한다. 가정통신문에는 분명 원아들을 위한 각종 준비물비, 야외활동비, 운행 차량 이용비, 체험활동비 등으로 대부분 현장학습 명목으로 사용된다고 고지하지만 실제 그 비용이 전액 그렇게 사용되고 있는지 이실직고해야 한다. 만약 이런 주장이 사실이 아니라면 오늘부터라도 카드로 결제받으면 된다. 필요성 경비도 카드로 결제하게 해야 전체 입금 내역이 확실하고 그 지출 내역도 명확해진다. 전액 카드 결제를 거부할 이유가 없다.

더구나 어린이집은 한 달에 한두 번의 현장학습이나 체험활동을 하면서 지자체에서 최대 금액의 필요성 경비를 부모한테 청구하고 있으나, 이것도 실제 활동한 횟수만큼의 금액만 청구하게 해야 한다. 또 이미 어린이집은 십수 년 넘게 필요성 경비 납부를 현금으로만 요구하고 있어 학부모들이 큰 부담을 느끼고 있다.

실제 어린이집 원장에게 직접 말은 못하지만 많은 학부모들이 이렇게 하소연한다.

"어린이집에 보육료 지원금 외에 매월 특별교육비, 차량 이용비를 비롯해 분기별 야외활동비 등 총 15만 원을 별도로 내고 있어요. 어린이집에서 보내오는 고지서 내역을 꼼꼼히 따져 확인하고 싶어도 내 아이가 불이익을 당할까 봐 아무런 문제 제기도 못하고 있어요."

학부모들이 확인을 하고 싶으면 이렇게 하면 된다. 현장체험학습을 간 곳의 입장료와 차량비용은 얼마인지 확인, 영수증과 대조하고 입금 내역 등등을 요구하면 된다. 그러나 그렇게 하면 원장은 대기자도 많은데 이런 부모의 자녀보다 다른 입소 대기자 자녀로 교체하는 것이 속 편하다고 생각한다. 자꾸 문제를 제기하고 뭔가 내부 운영을 확인하려 드는 부모의 자녀는 퇴소시킨다.

아이를 퇴소시키는 방법은 더 간교하다. "그냥 나가세요" 하면 민원을 내고 문제가 발생할 것이 뻔하므로 먼저 아이를 괴롭힌다. 혼자 놀게 방치하고 교사가 관심을 주지 않고 자꾸 혼내면 된다. 그럼 아이는 이내 어린이집에 가기 싫다고 부모에게 말한다. 납부하는 금액을 제대로 사용하는지 확인하고 싶어도 확실한 물증이 없는 상황에서 학부모는 눈치를 보고 아이를 계속 다니게 하든지, 다른 원으로 옮기든지 선택을 해야 한다. 이게 현실이다.

이유도 모른 채 미움 받기 시작한 자녀가 어린이집에 가기 싫다고 하면 부모도 어쩔 도리가 없다. 그런 일로 원을 바꿔 새로운 환경에 적응하게 하는 번거로움을 감수하기보다는 차라리 원장이 요구하는 대로 현금을 내는 것이 제일 뱃속 편하다고 여기는 것이다.

아무리 보육 담당자들이 "부정수급, 특별활동비, 차량안전관리 등에 문제가 있는 어린이집에 대해서는 수시점검을 하고 있다"라고 밝혀도 이건 기사용 멘트일 뿐이다. 또 "어린이집을 이용하면서 학부모가 겪는 불편 사항이나 운영상 어려운 점은 적극적으로 개선해 어린이집에 대한 신뢰도를 높일 수 있도록 최선의 노력을 하겠다"고 하지만 이건 면피용에 불과하다. 이건 한두 해 동안 이어져온 문제가 아니고 이미 십수 년간 암묵적으로, 관행적으로 진행되어온 원장들의 생계비와 관련한 문제이기 때문이다.

12 너무도 특별한 특별활동비?

　어린이집에 입학하면 입학금(5만~8만 원), 여름용 원복비(약 5만 원), 겨울용 원복비(약 10만 원), 연간 교재비(약 13만 원), 현장체험비(약 12만 원) 명목으로 약 40만 원 내외의 금액을 일시금으로 낸다. 그리고 매월 특별활동비라는 명목으로 적게는 1만 원에서 많게는 15만 원 정도를 추가로 낸다. 한글 수 교재 활동 교재비가 월 5000원에서 15000원 정도고, 과학 활동 비용은 1만 원, 재미 아트 미술 통합 활동 비용이 재료비 포함 약 7000원 정도, 음악 활동 비용이 약 1만 원으로, 한 가지 특별활동 비용이 평균 7000원에서 1만 원 정도라고 계산하면 된다. 즉 다섯 가지면 5만 원, 열 가지면 10만 원이라고 보면 된다.

　먼저 특별활동을 진행하는 강사부터 살펴보겠다. 말은 전문 강사다. 어린이집 교사보다 더 전문적이고 우수하다는 것이다. 그러나 실제로는 그렇지 않은 경우가 많다. 사설 업체가 시간당 5000원 또는 시간당 8000원을 주면서 채용한 아르바이트 교사다. 어린이집에서는 시간당 특별활동 비용이 얼마나 저렴한지만 고려할 뿐 강사는 누가 와도 중요치 않게 생각한다. 특별활동 전문 강사도 수시로 바뀐다. 급여가 적으니 두어 달 하다 그만두는 경우가 많아 교사가 자주 바뀐다. 그럼 그 업체 사장과 영업직원은 강사 교체를 이해해달라며 통사정을 한다. 이 과정에서 비용을 1~2만 원 깎아 주기도 한다. 학부모는 중간에 특별활동 강사가 바뀐 것에 대해 문제 삼지 않는다. 실제 특별활동 전문 강사가 교체되었는지도 모르는 경우가 태반이다.

그렇다면 특별활동 계약 시간은 어느 정도나 될까? 보통 1시간에 15만~20만 원 선이다. 영어든 국악이든 과학이든 체육이든 평균 비용이 그렇다. 영어 특별활동 수업으로 예를 들자면, 주 2회 2시간으로 계약한다. 해당 어린이집이 6반이면 10분씩 6반 수업 계획을 짠다. 4반이면 15분씩 4반 수업을 계획한다. 결국 하루 한 시간으로 그 어린이집 전체 아동의 영어 수업을 하는 것이다. 강사가 반별로 이동할 경우에는 1~2분씩 소모하니, 실제 수업은 8분 정도 이루어진다. 체육도 마찬가지고 과학도 마찬가지다.

또 어떤 어린이집은 고작 8분에서 10분 정도 특별활동이 이루어지는 것에 대해 학부모에게 질타를 받을까 봐 2반씩 합반하여 20분씩 진행하기도 한다. 물론 가정통신문에는 30분 수업이라고 쓰여 있지만 영유아는 한 가지 수업에 30분간 집중하기가 힘들다.

10분짜리, 15분짜리 수업 시간 가운데 1/3만 집중해도 성공한 활동이다.

아이들은 10~20분 정도 진행되는 특별활동을 3가지에서 10가지 정도 받고, 학부모는 특별활동비로 아이 1인당 5만~20만 원을 낸다. 그러므로 어린이집 원아가 100명이라고 할 때 어린이집은 약 500만~2000만 원을 받고 실제 지출하는 비용은 시간당 15~20만 원 정도 되는 것이다. 가령 100인 규모 어린이집에서 아이당 평균 3가지씩 특별활동을 하고 특별활동비로 5만 원을 지급한다면, 원장은 특별활동비로 월 500만 원을 받지만 실제 지급하는 비용은 45~60만 원에 불과한데, 이런 사실을 학부모는 모른다.

여기서 어린이집 비리가 발생하는 것이다. 보건복지부가 요구하는 회계는 아래와 같다. 특별활동비를 학부모로부터 500만 원을 받았으면 500만 원 전액 특별활동비로 사용해야 한다. 2000만 원을 받았다면 당연히 2000만 원을 전액 지급해야 한다. 만약 특별활동비로 500만 원을 받았는데 300만 원을 지급하고 200만 원이 남았으면 학부모한테 돌려주어야 한다. 2000만 원을 받았는데 1000만 원이 남았으면 부모에게 돌려주라고 한다. 그러나 그렇게 하는 어린이집은 없다. 500만 원이고 2000만 원이고 전액 계약한 특별활동 업체에 입금한다. 그러고는 그 업체에서 현금으로 돌려받는다.

처음부터 계약할 때 아예 업체로부터 통장과 카드를 별도로 받아놓아 원장 자신이 그 업체 통장에 입금한 다음 다시 찾아 차액을 챙기고 실제 특별활동 강사비용과 재료비를 통장에 입금해주기도 한다.

2013년 5월 27일, 서울 송파경찰서에서 송파구 관내 어린이집들의 국고보조금 횡령 비리에 부실 식단에 대한 수사 결과를 발표한 이후 많이 줄었다고는 하나 여전히 많은 어린이집이 아직도 이렇게 하고 있다. 경찰 수사로 간이 콩알만 해진 원장은 업체에 입금하고 차액을 여전히 업체 영업 직원에게 현금으로 받고 있다. 업체는 이렇게 하지 않으면 어린이집과 거래를 할 수가 없다. 정확한 물증이 없는 한 업체와 원장의 은밀한 거래는 두 사람만 입 다물면 영원히 수면 아래로 가라앉는다.

요새는 한층 더 지능화되어 어린이집에서 별도로 특별활동 관련 업체를 만들어 자신들이 직접 특별활동 사업을 하기도 하고 ○○영재교육원 등등의 간판을 달고 특별활동 사업을 하기도 한다. 그곳과 특별활동 수업을 진행하기로 계약하고 비용을 지급하는데, 다른 업체와 거래할 때와 마찬가지로 특별활동비 차액을 챙기는 것은 별반 차이가 없다.

보건복지부에서 어린이집에 요구하는 것은 실제 지급하는 특별활동비만 받으라는 것이지만, 사실 너무나 비현실적인 요구다. 무료로 장소만 제공하고 배울 원아와 업체를 연결만 해주라는 것인데 그 수고를 아무런 대가 없이 기꺼이 할 원장이 어디 있겠는가.

또 일방적으로 어린이집에서 하지 말고 학부모가 선택하게 하고 그 부모의 동의서를 받게 한다. 또 특별활동을 받지 않는 원아는 어린이집 교사가 보육하라고 한다. 그렇다면 특별활동을 하지 않는 아이는 다른 친구들이 특별활동 수업을 받는 동안에 혼자서 놀거나 어린이집 선생님과 둘이 있어야 하는데, 현실적으로 불가능하다. 영어든 체육이든 외부 강사 혼자서는 영유아 통제가 불가능하다. 통제 자체가 불가능한데 수업을 어떻게 진행할 수 있겠는가? 더구나 선생님과 떨어지면 불안해하고 우는 아이도 있고, 수업을 받다 보면 화장실에 가야 하는 경우도 있는데 담임교사가 특별활동 시간에 특별활동을 선택하지 않은 영유아와 다른 보육 프로그램을 진행해야 한다고 하는 건 현실을 전혀 고려하지 않은 무리한 요구다.

또 특별활동 수업 시간은 어린이집 교사들에게는 잠시나마 숨을 돌릴 수 있는 유일한 시간이다. 외부 강사가 영어, 과학, 국악, 음악, 미술, 발레, 가베, 기타 등등 수업을 하니 단 10분이라도 원아들 틈새에서 쉬는 것이다. 그러므로 어린이집 교사들 역시 보건복지부가 요구하는 것처럼 교사가 하루 종일 보육을 담당하라는 요구에는 동조하지 않는다. 원장이 학부모에게 별도의 비용을 받아 외부 강사를 불러주니 일단 고맙고, 그 업체와 어떤 거래를 하든 중요하게 생각하지 않는다. 주 2회든 주 3회든 외부 강사가 와서 단 10분이라도 자기들 대신 수업을 해주면 잠깐이라도 쉴 수 있으므로 고마울 뿐이다. 실제 교사가 특별활동 강사들이 몇 분이나 수업을 하는지 가장 잘 알면서도 그것을 문제 삼지 않는 건 이 때문이다.

| 특별활동비 갈취를 부추기는 허울 좋은 보육료 전액 지원

자, 다시 돌아가서 특별활동비가 도대체 왜 필요한지부터 다시 살펴보자.

현재 정부가 정해놓은 보육료는 현실적으로 필요한 비용의 약 50퍼센트밖에 되지 않는 수준이다. 무슨 말인고 하니 만 5세 기준으로 약 20만 원 정도로 책정한 보육료는 실제 약 40만 원 정도가 되어야 맞는다. 이미 현장에서는 보육료부터 현실화하여 부모들의 부담을 줄여주자고 요구해왔다. 그러나 김대중 대통령의 국민의 정부 시절부터 지금 현 정권까지 개선되지 않고 있다.

실제로 약 25년 동안 보건복지부가 강제로 유지해온 보육료를 현실적 단가로 책정하면 보육료 예산은 현재의 2배가 되어야 정상이다. 원래 40만 원이어야 정상인 보육료를 20만 원으로 책정해놓고 '보육료 전액 지원'이라고 하고 있는 것이다. 그렇다 보니 어린이집은 학부모한테 부족분 20만 원을 수익자 부담금이라고 추가로 받아들이는 것이다. 절반도 안 되는 보육료를 책정해놓고 "아이만 낳으십시오. 국가가 키워드리겠습니다"라는 허울 좋은 말로 전액 지원인 양 속이는 참여정부 시절 영유아 보육 정책을 보면 안타까웠다.

특히 이러한 사실을 알리고 정부가 지원하는 보육료 단가를 2배로 올려야 한다고 호소하면 어디서 나타난 세력인지 보육료 인상 반대 목소리를 낸다. 그때마다 저들만큼 바보가 또 어디 있으랴 싶은 생각이 든다. 절반짜리 보육료를 책정해놓고는 전액 지원이라고 하면서 뒤로는 학부모가 절반 이상을 부담해야 하는 현실을 바꾸자고 하면 미력이라도 보태야 하는데, 그걸 보육료 인상이라고 반대하고 나서니 참으로 어리석은 사람들이 아닐 수 없다. 현실에 못 미치는 절반짜리 보육료를 다수에게 지원할 일이 아니고 정상적인 보육료를 책정하여 국가의 도움 없이는 아이를 어린이집에 보낼 수 없는 절박한 가정에 제대로, 실질적인 도움이 되는 지원을 해야 한다.

다시 정리하자면 국민의 정부부터 참여정부, 이명박 정부, 현재 박근혜 정부에 이르기까지 보건복지부가 정해준 보육료는 현실을 외면한 절반 수준의 보육료일 뿐이다. 그래놓고 전액 지원이라 한다. 그렇다 보니 학부모의 자부담 부분은 특별활동비라는 명목으로 가중되고, 이로 인해 또 다른 형태의 비리가 양산되고 있다.

비리를 막는 지름길은 어린이집에서 현금을 만질 수 없게 하는 것이다. 비리를 저지를 수 있는 여지를 남겨놓고는 비리를 저지르지 못하도록 감시하는 건 한계가 있다. 서류를 완벽하게 만들어놓는데 어찌 잡을 수 있겠는가? 특별활동 강사를 지자체에서 양성하여 각 어린이집에 파견해야 한다. 전문성도 중요하지만 인성, 그리고 제일 중요한 것은 공무원 채용 신체검사서가 절대 필요하다. 우리 아이들을 가르치는 강사인데 결핵 보균자는 아닌지, 전염병 환자는 아닌지, 성범죄자는 아닌지 확인해야 할 것이 아닌가. 현재는 전혀 검증 없이 업체를 통해 파견된 강사가 수업한다. 지자제가 재능 기부를 받든지, 강사비를 지급하든지 해서 직접 강사를 어린이집으로 파견해야 어린이집과 특별활동 업체의 음성적 현금 거래를 끊을 수 있다.

13 어린이집 차량 사고 막을 길은 없나?

이제 보통 사람들도 노란 차량은 어린이집 차량이라는 것을 다 안다. 그런데 그 차량 안에 아이들이 막 포개서 앉아 있는 걸 보고 신고하는 어른은 없다. 9인승 봉고에 15명은 기본이고, 12인승엔 20명, 15인승엔 27명을 태운다. 아직도 노란 차량을 운행하지 않고 자가용으로 운행하는 어린이집은 9명이 기본 승차 인원이다.

어떻게 이렇게 많은 인원을 태울 수 있는지 의아하겠지만, 아이들을 지그재그로 앉히면 가능하다. 자가용으로 예를 들면 앞좌석에 두 명을 앉히고 두 아이 발을 양옆으로 밀면 한 명을 앉힐 수 있다. 하여 앞 좌석에 3명이 앉는다. 뒷좌석에는 4명을 발 뻗어 앉히게 하고 그 양발 사이로 한 명씩 끼워 3명을 앉히면 총 10명을 태워 등하원도 가능하고 현장체험학습 갈 때 따로 차량을 안 불러도 된다.

대체로 원에서 집이 가까워 금방 내리는 아이들 네댓 명은 항상 서서 간다. 어린이집 원장과 교사가 가장 문제지만 이런 일들을 관리감독해야 할 공무원들에게도 과연 안전이라는 개념이 있는지 묻고 싶다. 그냥 오늘도 사고가 나지 않길 요행만 바라는 것인가 하고 말이다.

어린이집 차량은 하루에 2번 등원, 하원을 매일 하고 있다. 안전벨트도 매지 않아 급브레이크만 밟아도 아이들이 다치는 것은 불 보듯 뻔하다. 그러나 이걸 신경 쓰는 공무원은 전무하다.

현재 부모들이 그나마 믿고 있는 평가인증 제도라는 것은 어린이집 운행 차량이 보험에 들었는지, 운전자의 운전면허증, 등록증, 그리고 '이상 무', '이상 무'만 반복하는 차량일지만 확인한다. 그러면 점수를 준다. 실제 아이들이 등하원하는 모습을 눈으로 확인해서 점검하는 사항은 없다. 그저 서류로만 확인한다. 현장 관찰자는 어린이집 안에서 차량 관련 안전 서류만 검토하지 차량 운행에 참여하는 것도 아니다. 설령 차량 운행 상황을 직접 점검한다 해도 그날 하루만 속이면 된다.

2012년 대구 달성군에서 3세 여아가 어린이집 승합차에 치여 숨진 사고가 있었다. 자신이 타고 다니던 어린이집 차량 앞바퀴에 치여 병원에 옮겨졌으나 이내 숨지고 말았다. 이때 어린이집 차에서 하차한 유아는 엄마가 보는 앞에서 차에 치였다. 이렇듯 눈 깜짝할 사이에 사고가 난다. 차량 기사, 인솔 교사, 그리고 하원 길 마중 나온 엄마 세 명이 어찌해볼 도리 없이 사고가 난 것이다. 이렇듯 우리 아이들은 어른들이 잠깐만 눈을 돌려도 사고에 노출이 된다. 그 어린이집에선 두 번 다시 같은 사고가 나지 않도록 어떤 조치를 취하고 어린이집 나름대로 어떤 차량 안전관리에 힘쓰고 있는지 자체점검보고서로 갈음하지 말고 보건복지부는 직접 현장을 모니터링해야 한다. 그게 사고로 자식을 잃은 부모에 대한 중앙 주무부처 공무원의 도리고 의무다.

한여름 차에서 잠이 들어 미처 하원을 못한 영유아가 숨진 기사도 종종 나왔다. 차량 기사와 차량 안내 교사의 부주의로 뜨거운 차 안에서 숨이 막혀 죽은 안타까운 사연이 뉴스로도 나왔다. 안전 불감증도 어린이집 차량 사고의 중요한 원인이다. 그저 늘 사고가 나지 않으니 오늘도 내일도 사고가 안 날 거라는 막연한 요행심이 가장 큰 사고의 원인이다.

이번 2014년도 보건복지부의 〈차량 안전지도 강화 시책〉을 보면 기가 막힌 수준이다. 영유아가 이용하던 어린이집 등하원 차량 사고가 빈번하자 보건복지부는 부랴부랴 대안을 내놓았다. 영유아 차량 안전 관리 강화 차원이랍시고 그저 영아용 보호 장구 인정 범위를 강화하고, 36개월 미만 영아는 영아용 보호 장구를 착용하는 것을 원칙으로 한다는 것이다. 내용을 정리하면 다음과 같다.

변경 전	변경 후
영아용 보호 장구는 안전 인증을 받은 제품을 사용한다.	안정인증(KC)을 받고, 영아에게 적합한 안전인증검사 기준(w1, w2)을 충족하는 제품을 사용해야 한다.

하원 지도 시 아이들이 차량 바퀴에 치여서 숨지는 사고를 안전 인증 제품만 사용하게 하면 막을 수 있겠는가? 한여름 차에서 미처 못 내려 숨이 막혀 죽어가는 아이가 안전인증을 받은 영아 보호 장비만 사용하면 차에서 내려 부모 품에 간단 말인가? 콩나물시루처럼 탑승 인원보다 더 많이 실어 맨 뒤 좌석에서 잠든 아이가 죽어가는 문제가 안전인증검사 기준(W1, W2)을 충족하는 제품만 사용하게 하면 해결되는가? 보건복지부 책상에만 앉아 이러한 시책을 해결책이라고 내놓는 공무원들에게 묻고 싶다. 그리고 안전 점검을 통과해야 시중에서 판매할 수 있는 현실에서 안전인증을 받은 제품을 사용하라는 것은 차량으로 인한 사고를 줄이는 대비책이 못 된다. 안전인증도 안 받은 제품을 사용하고 그로 인해 사고가 났을 때는 그 제품을 구입한 원장은 더 말할 것도 없고 그 제품 판매 업체부터 벌을 받는 건 기정사실이다.

또 차량 내부 영아 보호 장비 점검은 차량 기사가 급정거를 할 경우 안전에 도움이 되는 것이고 과속 등 전적으로 차량 기사의 운전으로 발생하는 사고를 방지하기 위한 대책이다. 차량 외부에서 바퀴에 치여 목숨을 잃는 사고를 막기에는 미흡하다. 하원 시 일어나는 사고는 거의 어른의 잘못에서 기인된다.

지도하는 어른 문제다. 먼저 원장들에게 안전교육을 반복할 필요가 있다. 어떻게 하면 돈을 빼돌릴까 연구하는 그 시간에 한 아이의 생명이 얼마나 소중한지 교육 또 교육해야 한다.

원장뿐만 아니라 차량 기사와 차량 등하원을 지도하는 교사도 수시로 관리점검을 해야 한다. 정원보다 과잉으로 승차할 경우 이건 '아닙니다' 하고 무리하게 요구하는 원장을 거부할 수 있게 해야 한다. 한 차례 더 하원 차량을 돌리더라도 그래야 한다. 차량 맨 뒷좌석에서 잠든 것도 아니고 의자 밑으로 떨어져 자고 있는 아이의 목숨도 책임져야 할 최종 책임자가 차량 기사고 차량 지도하는 교사이기 때문이다. 아이는 죽고 없는데 "죄송합니다. 용서해주세요"라고 말하는 것이 부모들에게 무슨 소용이 있는가? 또 한 가지 보건복지부가 놓친 것은 영아만 안전보호 장비가 필요한 것이 아니고 유아도 필요하다는 점이다. 이렇게 다시 고쳐야 한다.

현재	추후 반드시 변경할 내용
안정인증(KC)을 받고, 영아에게 적합한 안전인증검사 기준(w1, w2)을 충족하는 제품을 사용해야 한다.	안정인증(KC)을 받고, 영유아에게 적합한 안전인증검사 기준(w1, w2)을 충족하는 제품을 사용해야 한다.

지금 가장 시급한 대책은 보호 장구의 안전인증을 강화하는 것이 아니다. 바로 차량용 CCTV를 달게 해야 한다. 그러면 첫째, 콩나물시루처럼 아이들을 싣고 다니는 문제가 바로 해결이 된다. 둘째, 영유아용 보호 장구 실태도 명확하게 파악이 된다. 안전하다고 서류상으로 보고만 하는 영유아용 안전벨트 착용 문제도 확실하게 개선이 된다. 평가인증 현장 관찰자는 종이 서류가 아닌 차량용 CCTV를 보고 점수를 매기면 된다.

차량 내부의 안전도 신경 써야 하지만 하원 때는 더 신경을 써야 한다. 바로 목숨을 잃는 교통사고로 연결되기 때문이다. CCTV를 달게 하면 하원 차량 지도 시 누구의 잘못인지 책임을 명확히 가릴 수 있다는 장점도 있다.

14 엄마들이 사 온 음식을
어린이집에서 산 것처럼 꾸미는 원장들

어린이집에서 생일상 사진을 보내준다. 푸짐한 생일상 앞에서 왕관 모자를 쓴 자녀를 보면 부모는 아깝다는 생각이 안 든다. 눈에 넣어도 아프지 않은 내 자녀의 생일이다. 음식을 넉넉하고 푸짐하게 보내 한상 받게 하고 싶은 것이 엄마의 심정이다. 보통 규모가 작은 어린이집은 해당 생일날 한 명씩 일일이 잔치를 열어주기도 하고 같은 달에 생일이 있는 원아를 모아서 월별로 잔치를 열어주기도 한다. 생일상에 오르는 음식은 대부분 케이크와 과일, 과자, 떡, 음료수 등이다.

실제 어린이집 운영비로 생일상을 간소하게 차려주는 곳도 있다. 부모한테 사 가지고 오라고 하는 게 번거롭기도 하고 부모의 재정 형편에 따라 생일상 규모가 결정되는 것을 우려해서 그렇게 하는 것이다. 그러나 거의 90퍼센트 이상은 생일상은 일 년에 한 번이므로 각 가정에서 준비하라고 한다. 맞벌이 부부는 돈을 보내 원에서 준비해달라고 하기도 한다. 물론 이때도 현금으로 보내온 돈은 그냥 원장이 가진다.

생일상에 올라가는 음식은 거의 같다. 생일 케이크, 과일, 과자, 음료수, 떡, 사탕, 통닭, 피자 등 생일인 원아 반 전체가 먹을 분량을 생일 원아 부모가 준비해서 보낸다. 여러 원아가 생일 달이 같아서 생일잔치를 같이 하는 경우에는 한 가정에 하나씩 배정한다. 어떤 가정은 떡, 어떤 가정은 과일, 어떤 가정은 음료수…… 금액은 2만 원 내외에서 준비해달라고 요청한다. 생일이 같은 달이 다섯 명이라면 10만 원어치 음식을 마련하는 것이다.

생일날에는 오전 간식이나 오후 간식을 별도로 준비할 필요가 없다. 생일상에 올린 간식만으로도 음식이 남는다. 오후 간식까지 먹고도 남는다. 심지어는 생일날 남은 음식으로 다음 날 오전 간식까지 주는 경우도 있다. 생일상을 차리고 남은 과일이나 음료수는 보통 교사들이 야근하면서 먹게 한다.

그런데 이 생일상 치르고 남은 음식을 꼭 자기 집에 싸 가지고 가는 꼴불견 원장이 있다. 과일이나 음료수, 과자류는 다음 날 오전 간식으로 먹어도 된다. 실제 생일이 있는 날은 준비해 온 음식으로 오전 간식도 충당하고 오후 간식까지 충분히 먹고도 남는다.

문제는 부모가 준비해 온 생일상 음식을 어린이집에서 산 것처럼 지출결의서를 작성한다는 것이다. 어린이집에서 생일상을 준비한 것처럼 생일상 지출 영수증을 가짜로 만들어 지출결의서에 붙인다. 생일상에 차린 먹을거리로 오전, 오후 간식을 대신해놓고 오전, 오후 간식비를 추가로 지출한 거처럼 꾸민다.

부모님이 챙겨주신 생일상 음식은 먹고도 남는다. 또 실제 오전에 케이크니 떡이니 피자니 통닭이니 먹다 보면 점심도 많이 못 먹는다. 그럼에도 어린이집은 오전 간식이든 점심이든 오후 간식이든 생일하고 전혀 상관없다는 듯이 여느 때처럼 금액을 지출한 것처럼 꾸민다. 이때 구매 영수증은 평소 2~3장씩 미리 얻어놓은 간이세금영수증으로 만든다.

Chapter 2

어린이집 원장들, 정신 차리세요

어린이집 원장들은 어린이집 운영비로 물건을 사든 부식을 사든 어린이 집보다 원장 자신의 집을 먼저 챙긴다. 어린이집이 국가목적사업이라는 의식도 없다. 또 삼삼오오 모이면 원장들은 "내 돈 내서 내가 어린이집을 하는데 어때?"라고 당당하게 말한다. 더구나 어린이집 통장에 있는 돈도 내 돈이라고 여겨왔다. 원장 개인 돈이 아니고 어린이집 운영 공금이라 는 개념도 미약하다.

15 원장님은 누구세요?
지금 어디에 계세요?

| 원장은 원장이고 교사는 교사다

　부부가 같이 운영하는 어린이집은 남편이 원장으로 등록하고 아내는 영아나 유아교사로 등록한다. 그러면 원장 10호봉 급여 평균 200만 원하고 교사 급여 약 180만 원 합해서 약 380만 원을 받는다. 그런데 여기서 원장으로 등록된 남편은 어린이집 업무를 전혀 모른다. 그렇다 보니 차량 기사 역할과 각종 회의나 외부 활동을 전담하고 개인 사업을 하기도 한다.

　이때 교사로 등록된 아내가 남편의 원장 업무를 대행한다. 실제 교사인데 원아 상담부터 부모 응대까지 한다. 호칭도 원장님이다. 교실에서 보육해야 하는 교사가 사무실에서 원장 대행 업무를 한다. 대다수 부모는 서류상 원장이 누구인지에는 관심이 없고 늘 상담하고 인사하는 사람이 원장인 줄로 안다. 남자가 어린이집 선생님으로 등록되어 있는 경우도 있다. 보육교사를 몇 년 해야 원장 자격이 주어지니 부득불 이름만 등록해놓고 실제 수업은 교사가 합반해서 한다.

어린이집은 영유아 보육을 맡아야 급여가 나온다. 그래서 교사별로 맡은 인원이 정해진다. 자신이 맡아야 할 원아가 분명 있는데 보육을 해야 할 어린이집 선생님이 단지 아내란 이유로 사무실에 나와 있는 것이다. 이때 교실은 세 반을 합반하여 두 명의 보육교사가 수업을 진행한다.

분명 교사 1인 대비 원아 수가 3명, 5명, 7명, 15명, 20명 이렇게 정해져 있는데 다른 교사한테 자기 반 아이들을 보육하게 하고 사무실 업무를 보는 것이다. 물론 지도점검이나 평가인증 현장 관찰자가 오면 사업을 하던 남편도 들어와 사무실을 지키고 있고 그 아내도 교실에서 보육한다.

그래도 이런 경우는 부부 중 1인이 원을 지키고 있으니 그나마 다행이다. 보통은 원장으로 등록된 남편은 대학교 강의한답시고 나가고 선생님으로 등록된 아내는 대학원 수업 듣는다고 나가버린다. 그러면 오후 7시 30분부터 수업을 해야 하는 시간 연장 선생님이 일찍 출근해서 사무실을 지키거나 교실에 들어가 보육을 한다. 관청에 등록된 내용과 어린이집의 실제 근무 내용이 달라지는 것이다.

요새 경찰에서 수사할 때는 허위 등록 교사한테 진술을 받아내는데 증거물로 핸드폰 위치를 파악한 자료를 내놓는다고 한다. 원장이 어린이집에 근무하지 않고 개인 사업이나 하고 대학교나 대학원에 강의를 나가는 일이나 교사가 보육하지 않고 대학교나 대학원 강의를 들으러 다니는 것도 이제 찾아내어 처벌하고 국고보조금으로 인건비 지원받은 걸 다 반환하게 해야 한다.

상근자들이 타인에게 어린이집을 다 맡기고 각종 서류는 교사들에게 만들게 하고 자신들은 도장만 찍는 것은 아침 7시 30분부터 오후 7시 30분까지 영유아를 믿고 맡기는 부모들에 대한 도리가 아니다.

실제 어린이집에서는 근무자를 허위로 등록해 국고보조금을 횡령하는 일이 끊임없이 일어난다. 그런 불법도 근절해야 하지만 원장 부부가 등록해놓고 근무하지 않고 개인 일에 몰두하면서 국고보조로 인건비를 지원받는 이런 비리도 근절해야 한다.

원장이든 교사든 맡은 사람들이 어린이집을 비운 사이에 일어나는 모든 영유아 사고는 과연 누가 책임질 것인가? 늘 아무 사고 안 나길 요행만 바랄 것인가? 원장 부부의 공백을 기존 인원이 메우는 것도 벅찬데 사고가 나서 신속하게 처리 못해 일어날 결과에 대해서 고민도 긴장도 안 한다. 원장 부부가 자리를 지키지 않고 비운 사이 일어난 사고를 제때 수습 못해 영유아들에게 평생 장애가 생긴다면 그건 죄악이다.

10년 전에는 이런 일도 있었다. 당시는 원장이 간호조무사를 겸직해도 되던 시절이었다. 그렇다 보니 상근자인 원장들이 근무시간에 간호조무사 자격증을 따러 연수를 받거나 학원으로 나갔다. 아침에 출근해서 출근부 도장만 찍고 바로 외출하는 원장도 있었지만 원감이나 주임한테 도장을 맡겨 찍게 하고 본인은 출근도 하지 않는 원장이 태반이었다.

"원장이 근무도 하지 않고 간호조무사 수업 들으러 다니는데 월급은 꼬박꼬박 타 먹는다"는 한 교사의 민원으로 원장이 겸직하는 간호조무사 자격증 취득 실태 조사가 이루어졌다. 그리고 원장으로 등록되어 근무한 기간 내에 간호조무사 자격증을 딴 원장에 대해 급여 반환 조치가 내려졌다. 비록 늦기는 했지만 또 하나 해야 할 조사가 있다. 어린이집 원장으로 근무하면서 전문대학이나 4년제 대학교를 졸업한 원장들을 조사해야 한다.

고등학교를 졸업하거나 다른 전공으로 대학을 졸업한 후 보육교사 양성 과정을 통해 보육교사 자격증을 취득하고 어린이집 교사로 근무한 경력으로 원장이 된 자들이 전문대학이든 4년제 대학교든 졸업장을 따기 위해 근무시간에 학교를 다녔다. 이걸 찾아내는 방법은 간단하다. 원장의 호봉을 확인하고 원장으로 등록한 시기와 학교를 졸업한 연도를 대조하면 바로 파악할 수 있다.

원장으로 등록만 하고 원장으로서 해야 할 역할을 원감이나 교사한테 맡기고는 자신은 학교에 다니면서 급여를 받은 원장들은 모임이나 회의에 나와서 그걸 자랑삼아 이야기하곤 했다. 시험 기간에는 출근도 하지 않고 과제물까지 교사에게 시키는 덜떨어진 원장도 많았다. 이렇게 학교를 다니느라 자신의 책무를 다하지 못한 원장에게는 그 원을 믿고 맡긴 원아들의 보육과 안전을 등한시한 죄를 물어야 한다.

16

둘째 아이 등록하면
돈 드릴게요

보육통합정보시스템에 등록된 종일반 교사, 야간 교사, 조리사, 차량 기사가 실제 어린이집에서 근무하는 사람과 다르다. 그런 방법을 통해 현금을 만들어야 하는 것이 대한민국 어린이집의 현실이다. 입학금, 특별활동비, 현장체험비 허위 결제를 통해 현금을 만들어야 하는 어린이집은 드디어 보육료를 영유아 부모와 반반씩 나눠 먹는 지경에 이르렀다.

어린이집에 아이를 보내려는 학부모들이 넘친다는 기사나 뉴스를 접할 때 혼자 빙긋이 웃는다. 전체 어린이집의 5퍼센트에 해당하는 구립·시립 위탁 어린이집 대기자를 말하는 것이다. 현재 어린이집의 현원은 정원 대비 약 70퍼센트 수준이다. 저출산과 어린이집 난립과 유치원 인가 증대로 실제로는 어린이집 가운데 약 30퍼센트는 정리가 되어야 할 지경이다.

어린이집을 인가받을 때 규모에 따라 정원을 인가받는다. 예로 정원 100명으로 인가를 받았다고 하면 100명이 학교에 학생들 배정받듯이 한날한시에 정원이 차는 것이 아니다. 0명에서 1명, 10명, 20명 그렇게 100명을 채우는 것이다. 1년 걸리면 대박, 평균 2년 정도에 자리를 잡으면 꾸준하게 정원을 유지한다.

지금은 인가제로 전환되었지만 참여정부 시절 민간, 가정 어린이집은 신고제였다. 하여 아내는 원장하고 남편은 차량을 운전하면 된다는 생각에 소규모 부부 창업으로 각광을 받아, 기하급수적으로 그 수가 증가하였다. 기존의 구립, 시립, 법인 어린이집 대비 약 10배로 증가했다. 현재 전국 약 4만 5000여 어린이집 중 민간, 가정 어린이집이 약 4만 여 곳으로 90퍼센트에 해당한다.

사례 1

택시를 탔다. 내가 통화를 마쳤을 때 택시 기사님이 물었다.

"어린이집 원장님이세요?"

"지금은 아닌데요. 왜 그러시죠?"

"얼마 전 큰애가 다니는 어린이집 원장이 애 엄마한테 전화를 해서 나중에 자리가 없으면 못 보내니 둘째 아이 이름을 미리 등록하라고 했다는 겁니다. 그러면 약 30만 원이 나라에서 나오는데 매달 15만 원을 주겠다고 하면서요. 어린이집에 안 보내면 10만 원 정도 양육수당이 나오는데 원장 말대로 어린이집에 둘째 놈 이름을 등록해놓으면 15만 원도 주고 훗날 보내고 싶을 때 보내면 된다는 이야기인데 5만 원 더 이득이니 애기 엄마는 하고 싶은 겁니다. 제가 "자식 팔아 5만 원 더 받아 뭐할래? 그냥 나라에서 나오는 돈 10만 원 받고 쓸데없는 짓 말라"고 했는데 거절 후 원장이 큰애를 대하는 게 다르다고 징징거려 짜증납니다. 다른 어린이집으로 확 옮길 수도 없고 불편하네요."

새삼스런 일이 아니다. 이미 1998년부터 집에 있는 아이를 어린이집에 다니는 것처럼 등록하여 보육료를 받아 착복하는 원장이 많았다. 그때는 전산도 안 되어 있어 잡을 길도 없었고 암묵적으로 묵인하기도 했다. 보통 큰아이가 어린이집에 다니면 둘째 아이를 올려 그 돈으로 학부모 수익자 부담금을 대체하곤 했다. 학부모들도 원장이 그저 둘째 아이를 등록하면 큰아이가 내야 할 비용을 안 내도 된다니까 이게 웬 떡인가 하여 묵인했다. 당시 동사무소에서 지원 대상 서류를 떼어주면 거기에는 그 가정의 영유아 주민등록번호가 다 기재되어 있었다. 어린이집에 다니는 큰아이의 별도 비용을 안 다니는 둘째 아이를 허위로 등록하여 보육료를 받아 대체하는 방법은 어린이집이라면 거의 다 한 번씩 해본 방법이다.

더러는 전에 다니던 어린이집에서는 그렇게 했는데 여긴 왜 안 해주느냐고 욕을 하는 부모도 있었다. 정원이 100명이라면 그중 한 5~6명 정도의 부모가 그렇게 요구한다. 단맛을 알아버린 사람들이라 그 맛을 끊어내지 못하는 것이다.

드디어 무상 보육이다. 대한민국 모든 영유아를 대상으로 보육료가 국고에서 지원된다. 0세 아동의 경우 양육수당이 10만 원이라면 어린이집에 등록하면 약 70만 원이 나온다. 그럼 35만 원씩 나누면 어린이집은 보육을 하지 않고도 35만 원을 받을 수 있고, 아이 엄마는 10만 원만 받을 판에 35만 원 받으니 남는 장사다. 이런 제의를 거절할 엄마, 아빠가 얼마나 많을까? 이 책을 읽고 있는 엄마, 아빠 중에서도 죄인 줄 모르고 원장하고 이런 거래를 하고 있는 사람이 있을 것이다. 그렇지만 분명히 말하건대, 이건 명백한 범죄 행위다.

국가가 없는 나라살림에도 부모들에게 도움을 주고자 무상 보육을 하는데, 집에서 양육하면서 어린이집을 통해 더 많은 보육료를 부모가 원장과 검은 거래를 해서야 되겠는가? 또한 그런 범죄 행위를 통해 취득한 돈으로 아이들을 키운들 아이들이 잘 자랄 수 있겠는가?

현재 어린이집과 부모가 담합하여 영유아를 허위로 등록, 보육료를 나눠 가진 사실이 적발되더라도 부모는 어떠한 처벌도 받지 않는다. 그저 허위 아동을 등록한 어린이집만 정지, 폐쇄, 원장 자격 정지·박탈과 같은 처벌을 받을 뿐 동조한 부모에게 내려지는 처벌은 없다.

국가가 돕는 것도 '법'을 준수하고자 노력하는 국민에게 해당된다. 어린이집에 자녀를 등록하지 않고 어린이집 원장과 보육료를 나눠 가지다 적발된 부모에게도 1년, 2년, 5년 기간별로 보육료 지원을 못 받게 해야 이런 비리를 뿌리 뽑을 수 있다.

아이사랑카드로 결제해야 하니 원장도 혼자는 착복을 못 하고 부모도 등록된 어린이집이 있어야 하니 미등록 아동으로 보육료를 빼먹으려면 원장과 부모가 공모해야 한다. 그래서 이런 비리를 밝혀낼 방법은 어린이집 교사의 신고밖에는 없다. 따라서 등록은 되어 있는데 등원하지 않는 원아를 신고하는 교사를 포상하는 제도부터 만들어야 한다. 돈을 주는 포상 제도보다 구립, 위탁 어린이집 위탁자 선정 시 가산점을 주어 교사들의 양심선언을 촉구해야 한다.

17 내 아이 담임선생님은 유령 교사

　현재 어린이집 교사의 급여는 일률적이지 않다. 구립·시립 어린이집 교사는 그나마 호봉대로 급여를 받고 평균 5호봉 기준 실수령액 약 150만 원을 받는다. 사회복지법인 어린이집과 기타법인 어린이집, 영아전담 어린이집도 정부 지원 수준의 급여를 받고 있다.

　근로복지공단으로부터 80만 원 지원받는 직장 어린이집이나 공공형 어린이집 등 각종 인증형 어린이집 교사들도 나름 일정 급여를 받고 있다.

　그러나 보통 평가인증을 통과한 민간·가정 어린이집 교사들은 처우개선비만 고정적인 수당이고 급여는 천차만별이다. 12시간 보육을 하는 교사는 약 120만 원에서 150만 원 정도를 받고 나머지는 8시간, 4시간 시간대별로 80만 원도 받고 50만 원도 받는 등 어린이집하고 채용 시 계약하는 금액으로 받는다.

어린이집 유형에 따라 지자체에서 교사의 인건비로 영아교사는 80퍼센트, 유아교사는 30퍼센트를 지원한다. 실제 교사의 자격이나 근무시간, 반별 정원수는 같은데 단지 그 교사가 근무하는 어린이집의 유형에 따라 급여가 달라지는 것이다. 또 근무시간에 따라 급여가 다르다. 학부모들은 내 아이들 담임의 급여가 얼마인지 모른다. 200만 원 받는지? 110만 원 최저임금을 받는지? 80만 원? 50만 원을 받는지? 어쩌면 알 필요도 없다고 여길지 모른다. 그러나 민간·가정 어린이집에 근무하는 선생님의 급여는 근무시간과 비례한다.

여성가족부는 참여정부 때 'e-보육'이라고 만들었고, 이명박 정권 때 보육 업무를 재이관받은 보건복지부는 '보육통합정부시스템'이라는 걸 완성하였다. 이 시스템은 교사를 채용하면 먼저 입력하게 되어 있다. 그럼 그 시스템이 알아서 호봉 등을 확인한 후 승인을 해준다. 이렇게 등록이 된 교사는 호봉에 맞춰 인건비 지원, 또는 종사자 수당, 교사처우개선비 등을 받는다. 그럼 정부에서 지원하는 금액과 어린이집 시설에서 자부담하는 비용을 합해서 교사에게 급여로 지급된다.

이때 정부에서 일부라도 인건비가 지원되는 어린이집은 호봉이 높은 교사를 채용하여 등록한다. 영아교사는 80퍼센트, 유아교사는 30퍼센트를 지원받는다. 이때 실제 원에서 교사에게 급여를 줄 때는 영아교사에게는 정부에서 지원받은 금액 중 80퍼센트만 주고

유아교사에게는 지원받는 금액 30퍼센트에 어린이집 부담 급여 70퍼센트 중 50퍼센트를 배정하여 80퍼센트만 급여로 준다. 이것이 어린이집에서 인건비를 줄이는 방법이고, 근무하는 선생님은 이 나이에 어디 가서 근무하랴 싶어 동조한다. 이때도 지도점검을 피하기 위해 일단 제대로 계산하여 교사 통장에 입금을 한다. 그러면 다음 날 교사가 현금을 찾아와서 원장한테 돌려준다. 애초 채용 때 통장과 카드를 미리 만들어주는 교사도 있다. 그래도 이런 경우는 등록된 교사와 실제 교실에서 보육하는 교사가 동일한 인물이다. 원장하고 교사 간에 급여 장난만 있을 뿐이다.

호봉이 높은 교사를 등록해놓은 경우에는 문제가 더 심각해진다. 교사는 근무도 하지 않고 자기 집에서 생활한다. 즉 자격증을 10만 원, 20만 원 받고 대여하는 것이다. 실제 보육은 등록된 선생님 대신 시간제 아르바이트 교사가 대신한다. 등록된 교사와 실제 보육을 하는 교사가 다르니, 학부모가 매일 등하원 때 만나 인사하고 상담하는 교사는 등록되지 않은 '유령 교사'인 것이다. 지금은 핸드폰 위치 추적으로 수사망이 좁혀지니 조금 나아졌지만, 4만 5000여 곳에 달하는 어린이집을 다 수사할 수 있는 것도 아니니 '우리 어린이집이 걸리랴?' 하고 아직도 배짱을 부리는 간 큰 원장들이 있을 것이다.

민간 · 가정 어린이집도 인건비 지원을 받지 않는다고 해서 교사 등록을 하지 않는 건 아니다. 민간 · 가정 어린이집도 교사를 보육통합정보시스템에 등록한다. 교사로 등록만 해놓고 실제 보육은 시간제 아르바이트 교사가 담당한다. 이것도 인건비 절감을 위한 편법으로, 근무하는 교사는 4시간, 5시간, 8시간 파트별로 근무 선택이 가능하므로 선호한다.

관공서에서는 민간·가정 어린이집에 해당되는 최저임금 급여를 교사에게 지급하고 그 관련 서류를 매월 제출하라고 요구한다. 그래서 어린이집에서는 일단 등록된 교사 이름의 통장으로 입금을 시켜 서류는 맞춰 관공서에 매월 제출한다. 실정이 이러하니, 실제 어린이집에 나와서 등록 교사가 실제 근무하는지 대조하지 않는 한 잡아내기 힘들다. 또 아르바이트 교사는 3개월 근무하기도 하고 6개월 근무하기도 하는데 지도점검 나오기 전에 그만두면 잡아내지 못하고 교사가 양심선언하기 전에는 잡아내기 어렵다.

성범죄신원조회, 공무원채용신체검사서, 자격증, 경력증명서 등 모든 요건을 갖춘 교사는 보육통합정보시스템에 등록만 되어 있고 정작 부모가, 할머니가 매일 만나는 교사는 등록되지 않은 시간제 아르바이트 교사라는 걸 이제 영유아 부모가 알아야 한다. 보육통합정보시스템은 어린이집만 들어갈 수 있다. 영유아 부모는 절대 볼 수가 없다. 영유아 부모들이 보는 홈페이지는 따로 있다.

'아이사랑 보육 포털(http://www.childcare.go.kr)'이다. 이곳에서는 학부모들이 집 근처의 어린이집을 검색할 수 있고, 공시된 어린이집의 정보를 살펴보고, 아이사랑카드를 신청할 수도 있다. 그러나 정작 가장 중요한 정보가 빠져 있다. 이곳에서도 내 아이가 다니는 어린이집의 담임이 등록된 교사인지 유령 교사인지 확인할 수 없는 것이다. 이제부터라도 학부모들이 내 아이의 담임교사가 보육통합정보시스템에 등록된 교사인지, 단순 아르바이트 시간제 교사인지 확인할 수 있게 해야 한다.

18 파트타임 교사를 쓰라고 부추기는 보건복지부

2010년 7월, 고용노동부에서 하루 8시간 근로기준법을 지키라고 공문을 보냈다. 8시간 이후엔 시간외근무수당도 지급하고 야간수당, 토요 근무 시 급여를 1.5배로 책정하여 지급하라는 것이 요지였다. 수입은 그대로인데 갑자기 인건비 지출을 늘리라고 하니 어린이집 현장에서 선택한 방법은 가짜 취업 계약서였다.

실제 근무는 하나도 변함없이 그대로 하되 교사와 원장 간에 고용노동부에서 요구하는 내용대로 계약을 하고 있다고 가짜 계약서를 작성하여 교사들이 도장을 찍었다. 7월이면 연도 중간이다. 이미 예산은 1월에 다 책정해놓았고 교사도 중간에 그만두고 나갈 처지도 아니니 원장이 요구하는 가짜 취업 계약서에 교사가 도장을 찍은 것이다.

고용노동부에서 감독을 나왔다. 오전 11시에 나와서 백날 감독

해봐야 잡아낼 수 없다. 교사의 도장이 찍힌 가짜 취업 계약서가 있고 교사들 불러 확인한들 근로기준법에 맞춰 근무하고 있다고 하면 그걸로 끝이다. 이미 어린이집은 원장과 교사만 입을 맞추면 어떤 기관에서 어떤 사람이 나오든 딱 잡아떼면 무사통과다. 걸릴 일이 없다.

그러나 이런 눈가림이 얼마나 갈 것인가? 추경을 하여 예산을 확보해주든지 보육료를 인상하여 인건비 지출 부분을 충당하게 해 달라는 요구에 보건복지부 담당자는 구두로 다음과 같은 편법을 제시했다. 4시간짜리, 또는 6시간짜리 아르바이트 형태의 비정규직 교사를 일부 써서 근로기준법을 지키고 나머지 시간은 파트타임 교사를 채용하여 운영하라는 것이다. 그동안 파트타임 근무는 경력으로 인정해주지 않던 차라 파트타임 교사의 근무 경력을 인정해주겠다는 미끼는 먹혔다. 결국 양질의 근무 환경을 만들어주겠다며 1일 8시간 근무를 하라는 공문의 취지가 무색하게 1일 4시간, 1일 6시간 근무하는 비정규직만 양산했다.

교활한 원장들은 고용노동부의 이러한 정책을 악용하여 정규직 교사로 허위 교사를 등록하고 파트타임 교사가 실제 보육을 하도록 만들었다. 고용노동부 장관과 보건복지부 장관이 머리를 맞대어 의논할 때 어느 쪽이라도 "아직은 실행하기엔 무리가 있으니 한 2~3년 더 유예하여 예산도 확보하고 표준보육료 단가도 책정하고 순서대로 합시다" 하면 될 사안이었는데, 그것을 못해 오히려 가짜 계약이 판치게 만든 것이다.

이 때문에 현장은 지능적인 편법을 감행하고 결국 원장과 교사는 가짜 계약서, 가짜 확인 절차를 밟아주면서 당당하게 '거짓말'을 할 수 있도록 만들어놓았고, '거짓말만 하면 다 통과네'라는 인식을 심어주었다. 거짓말에 대한 죄의식 없이 일회성 점검만 빠져나가면 된다는 인식을 더욱 확고하게 만든 것이다. 정책이든 제도든 법이든 현장하고 맞지 않는 걸 무리하게 관철하려 하면 피해는 바로 아이들에게 돌아간다.

오늘도 우리 아이들은 하루 종일 엄마, 정교사, 파트타임, 야간 교사 등등 양육해주는 어른들이 교체되고 계속 만나고 헤어지는 분리를 경험한다. 근로기준법을 지켜야 하니 3시까지는 정교사, 7시 30분까지는 파트타임 교사, 10시까지는 야간 담당 교사의 보육을 받고 이러한 보육에 적응하라고 영유아들에게 강요하는 꼴이다.

아르바이트든 시간제 선생님이든 비정규직 직원을 채용하는 일은 임시방편일 뿐 어린이집은 교사의 질이 떨어져 보육이 엉망이 된다. 비정규직 교사가 12시간 보육을 하는 어린이집에선 불가능하다. 정규직 교사가 추가로 근무하는 시간은 시간외수당을 지급하는 것이 마땅하고 예산을 마련하는 것이 정상이다. 보건복지부가 예산은 확보하지 않고 법만 시행하니 현장은 혼란만 가중되었다. 연도 중간인 7월에 법이 통과되었으니 당해 연도는 별 도리 없이 교사와 원장이 짜고 일시적으로 고용노동부를 속였다. 그러나 계속 속일 수는 없다.

예산을 확보하기 위해서는 국회를 찾아갈 수밖에 없었다. 모 국회의원을 찾아가서 예산 확보도 없이 법을 시행한 보건복지부의 처사에 대해 고자질 아닌 고자질을 했다. 그 국회의원은 보건복지부를 불러 간담회를 여섯 차례 열었다.

보건복지부는 근로기준법을 시행한다고 결정했으면 사전에 예산을 확보했어야 하는데 안일하게 대처, 파트타임 비정규직만 양산했다는 질타를 받았다. 보건복지부는 한쪽에선 1일 8시간 꿈같은 근로기준법을 통과시키고 뒤로는 파트타임 교사를 채용하라는 이중 플레이를 한 것이다.

모 국회의원은 누구의 잘잘못을 떠나 예산 확보가 시급하다고 판단, 내년도 예산이라도 확보하여 1일 8시간 근로기준법도 지키고 어린이집에서 정상적으로 시간외수당을 지불할 수 있게 예산을 확보하는 노력을 해주었다. 그 덕분에 정규직 어린이집 교사 포함 직원들에게 지급할 시간외수당인 약 400억 원은 국회에서 통과됐다. 그러나 그 예산은 총액제라는 요상한 제도에 의해 보건복지부로 넘어와 환경개선비로 둔갑하였다.

비정규직의 슬픔을 같이하겠다는 전 정권들이 실제는 비정규직을 양산한 주범인데 오늘도 비정규직의 눈물을 닦아주겠다는 자들을 보면 그냥 씁쓸한 웃음이 나올 뿐이다.

19 조리사도, 차량 기사도 허위 등록자?

어린이집에서는 온통 유령들만 근무한다. 그럴 수밖에 없는 현실을 누구보다 잘 아는 보건복지부는 요지부동이다. 그들이 이제 과감하게 '이건 아닙니다' 하고 외치고 깨끗이 영유아 보육 정책 실패를 인정하고 개조하는 데 앞장서기만을 바란다.

교사의 유령 등록도 문제지만 조리사 유령 등록도 어린이집 비리의 단골 메뉴다. 평가인증을 통과한 어린이집은 조리사 인건비가 호봉대로 100퍼센트 지원된다. 교사 인건비를 지원하는 어린이집도 영아교사는 80퍼센트, 유아교사는 30퍼센트밖에 못 주는 현실인데 말이다. 그것도 전체 4만 5000여 어린이집 중 12퍼센트만 해당된다. 평가인증을 통과한 민간·가정 어린이집은 5만 원부터 18만 원 정도의 교사처우개선비만 지원받는다. 지자체별로 지원 금액도 다 다르다. 이런 상황에서 조리사 인건비 100퍼센트 지원이라고 항목 하나 늘렸으나 달갑지 않다. 어서 빨리 어린이집 교사가 어느 유형의 어린이집을 다니든 인건비라도 제대로 받는 제도가 자리 잡는 게 급선무다.

조리사 인건비를 지원하기 시작한 것은 2008년 평가인증 제도가 도입된 이후다. 평가인증을 통과하면 조리사 인건비를 지원했다. 그전에는 어린이집에서 운영비로 인건비를 주다 보니 채용할 당시 계약을 했다. 오전 9시부터 오후 1시까지 해서 오전 간식, 점심까지 하고 가면 30만 원, 40만 원, 50만 원으로 책정하고 오후 간식까지 하고 퇴근하면 70만 원, 80만 원선에서 급여를 책정했다. 4대 보험도 퇴직금도 없었다. 조리사 자격증도 필요 없었다. 보건소 확인증만 받아놓으면 되었다. 규모가 작은 어린이집은 친정어머니, 시어머니 등등 지인들이 돕거나 배달시키거나 원장 자신이 조리까지 담당했다. 교사가 점심까지 해가면서 근무하던 시절도 있었다.

정부 지원은 늘 비리를 잉태한다. 평가인증 실시 후 조리사 인건비가 지원되니 또 머리를 굴리기 시작했다. 평가인증 통과 후 인건비가 호봉대로 100퍼센트 지원이 되니 일단 관에서 요구하는 사람을 수소문해서 등록을 해놓고 실제로는 기존의 무자격 조리사가 여전히 근무를 했다. 지원금은 호봉대로 받고 정상적으로 지급해야 할 급여는 통장으로 입금하여 서류를 맞춰놓기 시작했다. 지도점검이 나오면 무자격자 조리사는 퇴출되고 자격에 준하는 조리사를 고용해 근무시켰지만 사전에 통장을 미리 받아놓는다든지 입금

해주고 현금으로 돌려받는다든지 교사에게 지원되는 인건비를 빼돌릴 때와 똑같은 부정이 일어났다. 일단 그렇게 해서 빼돌린 돈으로 먹고살아야 하니까.

보통 민간 어린이집에서는 조리사에게 4시간 조리를 맡기고 약 30만 원에서 50만 원을 지불한다. 아침 식사 준비와 설거지를 마친 후 퇴근하는 조건이다. 오후 간식은 교사가 준비한다. 대체로 과자와 사탕 등 봉지만 뜯어 주기만 하면 되는 간식류가 주다. 4시간짜리 조리사 채용에 관공서의 제재는 없다. 민간 어린이집에는 조리사 인건비가 지원되지 않으니 시간을 연장하여 오후 간식까지 직접 만들어 제공하라고 권고할 수 있으나 강제로 요구하지는 않는다.

구립·시립·법인 어린이집은 조리사 인건비가 1호봉 기준 약 120만 원이 지원되고 최고 호봉인 30호봉은 약 250만 원이 지원된다. 그러나 보육통합정보시스템에 조리사 자격증이 있는 사람을 등록하고 실제로는 다른 사람을 채용하여 민간 어린이집처럼 4시간 시간제로 일을 시키고 약 30만 원에서 50만 원 내외로 준다. 연세가 드신 분들은 약 30만 원, 30~40대 주부는 약 50만 원을 책정하여 준다. 이때도 이들은 점심 식사 준비와 설거지까지만 하고 퇴근을 한다. 적은 비용으로 조리사를 쓰다 보니 오전 간식, 오후 간식은 교사의 몫으로 간단하게 제공할 수 있는 과자류가 주다.

어린이집 운행 차량은 원에서 직접 운행하는 경우도 있지만 거의 지입차다. 그렇다 보니 차량 기사를 원장의 남편이나 친정아버지, 남동생 등등 지인들로 등록한다. 급여는 국고로 지원되는 것이 없고 원 운영비에서 지급하다 보니 원에서 자체 책정한다. 그래서 급여는 많이 책정해놓고 정상적으로 급여를 시불한 것처럼 시류를 꾸민다. 그러나 이것도 실제 차량 운행은 지입차든지 시간당 아르바이트 직원이 한다. 그러면 실제 원 운영비에서 책정된 금액 1/3만 급여를 준다. 안전을 최우선시해야 할 어린이집 차량 운행인데 여기도 등록만 하고 실제 운행은 다른 사람이 하는 '유령 차량' 이 넘친다. 차량 기사의 급여는 국고로 지원되는 것이 아니고 운영비로 지급한다. 오전 시간에 두 번 정도 등원 차량을 몰고 오후에 정규 하원 차량 1회, 종일반 차량 1회인 경우엔 약 150만 원에서 180만 원을 지급한다. 그러나 여기서도 오전 2회만 운행하고 오후 2시 이후 정규 하원 1회와 종일 하원 1회를 원장이나 원장 배우자 또는 자녀가 운행을 할 경우엔 지입 기사에게 약 50만 원 정도 지급한다. 물론 이때도 정식 급여는 등록된 기사의 급여 통장으로 입금하고 현금으로 원장이 돌려받는다.

외부인이 차량 기사이거나 지입차가 아니고 어린이집 차량 운행을 원장의 배우자나 자녀가 할 경우에는 차량 기사 인건비가 상승한다. 약 200만 원에서 250만 원을 지급한다. 또한 차량 주유비 및 차량 수리비 등을 운영비에서 지출한다. 월 주유비 약 100만 원에 차량 수리비 가짜 영수증을 첨부하면 약 350만 원에서 400만 원가량 지출된다. 이게 무슨 문제일까? 문제가 있다. 어린이집 운영비는 원에 다니는 원아에게 몽땅 다 사용해야 한다. 지입차로 운행을 맡겼을 때는 약 150만 원에서 약 180만 원만 운영비에서 지출하면 된다. 그런데 이걸 원장의 배우자나 자녀가 운행을 하면 약 2배 즉 350만 원에서 400만 원 정도로 지출이 증가한다. 그럼 결국 아이들에게 가야 할 몫이 감소하는 것이다.

원장의 배우자나 자녀가 직접 차량을 운전하는 경우보다 타인 또는 지입차로 운행하는 것이 운영비를 덜 지출하고 아이들에게 돌아갈 몫이 더 많다. 운영비가 이렇게 지출되는지 아는 학부모는 없다. 노란 어린이집 차가 운행하면 그저 운행되는 줄로만 알지 내 아이가 타고 다니는 저 어린이집 노란 차량을 누가 모는지에 따라 돈이 어떨 때는 약 150만 원, 어떨 때는 약 400만 원씩 지출된다는 것은 알지 못한다. 관심도 없다.

타인을 차량 기사로 등록하여 급여를 주거나 지입차량을 근무시간 외에 이용하면 기름값을 본인들이 부담해야 하지만 원장이나 원장의 배우자 또는 자녀가 차량 기사로 등록되어 있는 경우는 그 차량을 근무시간 외 주말에 개인적으로 사용해도 어린이집 운영비로 기름값, 고장 수리비를 지출한다. 다시 말해서 아이들에게 쓰일 돈이 그렇게 지출되는 것이다. 이걸 지도점검에서 잡아내는 공무원은 없다. 무슨 재주로 어린이집 등하원에 쓰인 기름, 원장과 원장 가족이 개인적으로 쓴 기름을 구분할 수 있겠는가? 어린이집 운영 시간 이후에 노란 차 운행과 주말, 공휴일 어린이집용 노란 차 운행에 대해 적발함도 바람직하다.

그리고 대다수 어린이집이 차량 운행용 노란 차뿐만이 아니고 대표자가 개인적으로 사용하는 차량, 원장이 업무용으로 쓰는 차량, 그리고 총무든 원감이든 주임을 맡고 있는 아들 차량, 딸 차량 등 식구 수대로 차량을 소지하고 있다. 물론 자동차를 구입할 때는 어린이집 이름으로 구입한다. 그래야 어린이집 운영비에서 금액을 지출할 수 있기 때문이다. 온 가족이 각자 타는 차량임에도 어린이집 운영비에서 유류비, 차량 수리비 등을 지출한다. 아이들에게 써야 할 돈을 원장 가족이 지출하면서도 이걸 노하우라고 자랑하는 이들도 있다.

20 원장 자녀까지 맡기는 시간 연장 보육?

대한민국은 무상 보육을 실시하고 있다. 전체 영유아는 보육받을 권리가 있고 보육료 지원도 다 받으니 원장의 자녀도 보육 대상임이 틀림없다. 또 엄마가 어린이집 원장이라고 해서 그 자녀를 다른 유치원이나 어린이집에 보낼 필요는 없다. 엄마가 일하면서 자녀 보육도 가능하다면 권장할 사안이니까. 또 원장 자녀도 대한민국 영유아이니 보육료를 지원받아야 마땅하다. 아침 7시 30분부터 저녁 7시 30분까지, 12시간 보육까지는 좋다. 그러나 저녁 7시 30분부터 밤 10시까지 이루어지는 시간 연장 보육까지 보육료 지원을 받고 자기 자녀를 시간 연장 교사에게 맡기고 외출하는 원장에게는 "원장 이전에 엄마인가?" 묻고 싶다. 이건 비리는 아니다. 자녀를 양육하는 엄마의 양심 문제다.

오전 7시 30분부터 밤 10시까지 시간 연장 보육을 받는 아이들을 보면 참 불쌍하다는 생각을 많이 한다. 눈뜨자마자 심싹 실려오듯 어린이집에 와서, 잠든 채 집에 가야 그 아이의 어린이집 하루가 끝난다. 햇빛도 구경 못하고 이른 새벽에 와서 깜깜한 밤, 햇빛 구경도 못하고 집에 가서 또다시 잠든다. 그런데 젊은 원장의 자녀는 자신의 엄마가 다른 아이 보육한다고 똑같이 어린이집에서 하루 종일 있는다. 선거철이 되면 원장은 뭔 약속이 그렇게 많고 뭔 모임이 그렇게 많은지 오후 6시 이후만 되면 자녀를 시간 연장 교사한테 맡긴다.

얼마나 생산적인 일을 한다고 매일 외출이냐고 타박할 생각은 없다. 어린이집 담당자하고 만나 건강에 좋다는 영양밥 먹고 각 어린이집 원장 성향 적힌 명단 넘겨주고 노래방이나 다니고 술이나 먹으면서 어린이집 비리를, 어린이집 부정을 조금이라고 은폐하고 막는 데 혼신의 힘을 기울이는 원장이 워낙 많고 정부에서 원장 자녀 시간 연장 보육료까지 지원해가며 돌아다니게 하는 현실을 개탄할 뿐이다.

원장도 일하는 여성이고 마땅히 그 자녀에 대한 보육료 지원을 받아야 하니, 이게 무슨 문제가 되느냐고 주장할 원장도 있을 것이다. 틀린 말은 아니다. 그러나 시간 연장 보육을 신청하려면 시간 연장 보육을 받는 영유아가 일정 수 이상이어야 하고 그 수가 많아야 교사 인건비가 지원된다. 그래서 자신의 자녀를 포함시켜 숫자를 맞추려고 지원하는 원장도 많다. 그런 원장을 볼 때마다 차라리

지원을 받지 말고 하루 종일 원장과 원아로 만난 자신의 자녀를 저녁 시간이라도 엄마로서 돌보면 좋겠다는 생각이 든다.

21 어린이집 비리 방패막이에서
부모모니터링단 책임자로

어린이집의 실정을 잘 모르는 사람과 대화를 할 때 어린이집 원장 비리나 부정에 대해 이야기하면 "설마!"라는 반응을 보인다. 또 어떤 분은 자신이 어린이집에 수차례 방문했지만 절대 그런 일은 없었다고 자신 있게 말한다. 그러나 어린이집 운영 구조를 설명해 주면 바로 분노한다. 이렇게 오랜 세월 문제가 되고 있는 어린이집 비리가 수면 위에 올라오지도 않고 많은 사람들이 모르는 이유는 뭘까?

어린이집 문제는 어린이집 원장을 보호하는 사람들만 없어져도 해결할 수 있다. 그러나 영유아 부모는 혼자고 어린이집 관련자는 다수다 보니 영유아 부모들보다 어린이집 원장 입장을 들어주는 세력이 형성되어 있다.

민간 어린이집을 운영하던 한 원장은 민간 어린이집 원장을 하면서 한 지역의 지회장을 맡았다. 그는 구청에서 지도점검 나오기 전에 미리 어린이집으로 뛰어가 지키곤 했다. 원래 임원을 하면 임원 임기 내내 그 회장이 운영하는 어린이집은 지도점검을 받지 않는 관행이 있을 때다.

무슨 통뼈인지는 몰라도 그 원장이 지회장을 할 때는 그 지역 어린이집이 지도점검을 수월하게 받았다고 한다. 지도점검을 수월하게 받았다는 이야기는 결국 각종 비리를 지적받지 않고 넘어갔다는 이야기가 된다. 임원을 맡은 이 원장이 원장들 모임 장소나 행사 장소에 나오라고 하면 구(군시)청이나 시(도)청 담당자들이 잘 나왔다. 그렇다 보니 이 원장의 파워는 세질 수밖에 없는 법. 결국 그 덕에 모 지역 비례 구의원으로 낙점되었다.

이 과정에서 자신이 운영하던 민간 어린이집을 원생 숫자로 1인당 500만 원씩 계산하여 권리금 받고 선량한 주부한테 넘겼다. 구의원을 하겠다고 민간 어린이집을 불법 매매한 것이다. 보통은 어린이집 원장을 채용하여 구의원 할 동안 맡기는 경우는 있어도 이렇게 어린이집을 권리금 받고 불법 매매를 천연덕스럽게 하는 경우는 드물다. 권리금을 주고 민간 어린이집을 인수한 사람은 어린이집 구조를 모른 채 들어왔다. 매수자는 동일한 방법으로 어린이집을 매매하려고 했지만 자기처럼 아무것도 모른 채 들어올 구매자를 생각하니 양심에 찔려 그냥 운영을 하고 있다.

이렇게 구의원이 된 이 원장은 자기 지역뿐 아니라 다른 구에 있는 어린이집이 지도점검으로 적발될 때도 방패막이가 되어주었다. 그러면 어린이집 정지, 폐쇄, 원장 자격 정지 처벌이 떨어져야 하는 처분사항이 과태료든 과징금이든 돈으로 해결되었다. 이렇게 어린이집 비리 방패막이가 된 그 구의원이 공천을 못 받았는지 이번에는 어린이집 부모모니터링단 책임자가 되어 어린이집 원장 앞에 나타났다.

앞장서 어린이집 비리를 저지르고 그러한 활약 덕분에 구의원을 하며 철저하게 어린이집 현안을 해결하지 못하도록 막은 장본인이 이제 떡하니 '부모모니터링단' 책임자라고 어린이집에 전화를 한다.

자신이 운영하던 어린이집을 아이들 머릿수에 가격을 매겨 불법으로 매매한 전직 원장이 제대로 모니터링을 할지도 궁금하다. 오히려 어린이집에 모니터링한다고 들어가서 커피나 한잔 마시고 봉투나 받고 나오지 않을 거라고 누가 장담하겠는가? 어린이집에 방문하여 원장들이 준비한 흰 봉투나 걷는 수금 사원으로 전락하지는 않을지, 지금 이 시간도 비리가 적발된 어린이집 사안을 들고 선처를 호소하며 건재한 힘을 과시하고 있지는 않는지 궁금하다.

야심차게 준비한 부모모니터링단에게 어린이집에 교육 및 컨설팅을 해주는 역할을 담당시키는 취지는 좋으나 이렇게 비리 원장이 보육 전문가로 입성, 신분을 세탁하는 창구로 이용되어서는 안 된다.

나는 현재 영유아를 어린이집에 보내고 있는 부모나 친가나 외가의 조부모가 부모모니터링단 단원이 되어야 한다고 생각한다. 또한 최소한 2개월 정도는 어린이집 매뉴얼을 교육받아야 한다. 실제 운영을 한 적 없는 이들이 제대로 어린이집을 모니터링하려면 최소한 내부 운영에 대해 기본은 알아야 한다. 그 어린이집에 다니는 영유아 부모가 그 어린이집을 모니터링하면 가장 이상적이지만 자녀에게 올 불이익이 염려된다면 다른 어린이집을 모니터링하게 하면 된다. 다른 어린이집을 모니터링하다 보면 전체 어린이집에 대한 파악이 된다.

언론에서 어린이집 비리 관련 뉴스만 나오면 어린이집 비리 근절 시책으로 부모모니터링단을 꾸렸다. 그러나 급하게 구성하다 보니 구성원에 시청 보육 담당자 친구나 지인을 넣어 '이렇게 하고 있습니다' 하고 시늉을 하는 데만 그쳤다. 이제는 시늉만 하는 단계에서 과감하게 벗어나야 한다.

본질적인 문제는 피하고 건드리지 않으면서 부모모니터링단을 어린이집 현안 은폐용 도구로 사용해서는 안 된다. 약 20여 년간 묵인, 방치해온 영유아 국가목적사업을 개조하는 역사적인 역할을 해야 한다. 뉴스에서 드러난 국고보조금 횡령과 부실 급간식 실태, 특별하지 않은 특별활동비의 지출 내역 등을 파악하여 개선을 촉구하는 활동을 해야 하며 결과물을 내어 영유아들 피해를 줄이는 데 일조해야 한다.

지금 지자체에서 실시하고 있는 부모모니터링단은 전원 어린이집에 다니는 영유아 부모, 조부모로 구성을 해야 한다. 현재 어린이집을 이용하고 있는 영유아 부모들이 운영 주체가 되어 각종 공익성을 담보로 시민단체에 교육과 위탁 운영을 맡겨 객관적인 실태 조사 자료를 수집함이 바람직하다.

이러한 의도로 기구를 마련한다면 적극적으로 참여할 부모는 많다. 지금처럼 시도 · 시군구별 부모 및 보육 · 보건 전문가 1:1로 10명 구성하는 부모모니터링단은 기존 어린이집에 있는 운영위원회와 다를 게 없다.

정부가 어린이집 비리를 근절하고자 칼을 빼어들겠다는 각오가 진정이라면, 의지가 확고하다면 부모모니터링단을 개조 확대함이 마땅하다. 어린이집에 자녀를 보내는 부모들이 운영 주체가 되고 정부는 회계 전문가, 법률 전문가, 노무 전문가를 지원해주면 된다. 영유아 보육, 교육 영역의 개조를 위한 이러한 국고 지원은 낭비가 아니다. 부모모니터링단 운영 주체를 시도지사 또는 시장, 군수, 구청장(전국 230개 시군구)에서 부모로 전환하고 어린이집 컨설팅에서 어린이집 정상화 작업으로 돌입해야 한다.

22 원장이 받은 대출금 원금, 이자 상환은 특별활동비로

지난해 5월에도 서울 ○○구 관내 56개 어린이집이 특별활동비를 편취하는 비리를 저질러, 구청으로부터 특별활동비 10억 원을 학부모들에게 돌려주라는 명령을 받기도 했다.

이런 기사를 많이 접한다. 학부모에게 받은 특별활동비는 국고가 아니라서 어린이집 정지나 폐쇄 또는 원장의 자격정지로 이어지지 않는다. 행정청은 학부모한테 받았으니 돌려주라 명령하고 돌려주면 된다. 이건 공금횡령으로 처벌받아야 할 사안이다. 그런데도 관은 부모에게 돌려주는 선에서 처리한다.

일단은 이렇게 하면 마무리된 듯하다. 그러나 이 일은 또 반복된다. 왜? 특별활동비는 원장이 대출금 이자와 원금을 상환하는 데 쓰는 쌈짓돈이기 때문이다. 경찰 수사를 통해 적발된 어린이집도 한 번만 돌려주는 시늉을 할 뿐, 다시 특별활동비를 학부모에게 받을 수밖에 없다. 경찰 수사에도 주무부처의 지도점검에도 설리시 않은 어린이집은 여전히 특별활동비를 받을 수밖에 없다. 이게 현실이다.

어린이집에서 특별활동비는 원장들 '목숨값'이다. 이렇게 말하면 보통 사람들은 도대체 무슨 말이냐고 의아해할 것이다.

보통 특별활동비는 처음부터 통장에 입금하지 않고 원장이 가지고 있다가 현금으로 사용한다. 그러면서 합법을 가장하기 위해 어린이집 통장에 입금하여 '기타 운영비' 명목으로 지출한다. 어린이집 재무회계 매뉴얼에는 기타 운영비라는 명목으로 대출금 이자를 지출하도록 되어 있다. 대출이자는 정확히 말하면 건물 융자금의 이자다. 그러나 원장들은 자신의 집을 담보로 하여 받은 대출금 이자를 상환한다. 또 자신이 신용대출 받은 대출금 이자까지 상환한다. 이걸 확인하는 공무원은 없다. 그냥 계좌이체로 이자만 입금되면 그 대출금이 어디에 쓰였는지는 확인하지 않는다.

> 기타 운영비 : 그 밖에 운영경비로서 위에 분류되지 아니한 경비(건물 임대료, 감가상각비, 건물 융자금의 이자, 차량 할부금 등)
>
> 출처 : 『2014년 보육사업안내』, 20쪽.

특별활동비는 평균 5만 원에서 20만 원까지 받는다. 지역에 따라 차이가 있지만 거의 모든 어린이집에서는 학부모 부담(수익자 부담으로 비용)으로 요구한다. 대출을 많이 받은 어린이집일수록 특별활동 과목 수가 많다. 그건 운영비에서 이자를 지출하고 원금을 상환할 수 없으니 부모에게 특별활동비라는 명목으로 돈을 받아 대출금 원금을 상환하기 위해서다.

영어, 수학, 과학, 미술, 음악, 체육은 기본이다. 그러나 이름만 붙이면 특별활동이다. 과학 실험, 창의력 과학, 학습지, 수학교수, 주산, 논술, 웅변, 말하기 지도, 영어, 일본어, 중국어, 바둑, 한문, 컴퓨터, 택견, 검도, 도자기공예, 프로젝트 수업 등등…….

실제 그 종류만 100여 가지가 넘으며 대부분 어린이집은 입맛대로 골라 특별활동을 시행하고 있다. 모음, 자음 익히기도 쉽지 않은 영유아가 논술? 웅변? 중국어? 제대로 확인도 하지 않고 특별활동비라고 청구하면 부모들은 군말 없이 낸다. 학부모는 그냥 원장만 믿는 것이다.

현재 대부분 어린이집에서 운영되는 특별활동 평균 개수는 영아 서너 개, 유아 네댓 개로, 최대 10개의 특별활동을 운영하는 어린이집도 있다. 중요한 건 그 특별활동비가 원장의 대출금 이자와 원금을 상환하는 데 쓰인다는 점이다.

여기서 살펴보아야 할 게 하나 있다. 어린이집 운영비에서 대출금 이자를 상환할 수 있는 건 어린이집을 짓느라 빌린 대출금에 대한 이자를 갚을 때 뿐이다. 원장의 개인 주택 대출금이나 생활비 대출금에 대한 이자를 상환하는 데 어린이집 운영비를 사용해서는 안 된다. 대출금에 대한 지도점검이 선행되어야 한다.

어린이집을 담보로 대출받아서 어린이집 통장에 넣든, 원장 개인 재산을 담보로 대출받아서 어린이집 통장에 넣든 대출금이 늘어온 것도 확인해야 하고 그 대출금이 어린이집 운영에 쓰인 것인지도 확인해야 한다. 현재는 원장 개인 부담 사비를 넣든 차입금을 통장에 넣을 때 관에 신고는 하는지조차 확인하지 않고 있다. 그냥 대출금 이자 상환으로 지출되고 있다. 그것도 학부모들의 등이 휠 정도로 과하게 거둬들이는 특별활동비로.

학부모는 일단 어린이집 건물, 토지 등기부등본을 떼어보길 바란다. 구립이나 시립 어린이집은 지자체가 주인이라 어린이집 담보로 융자 자체가 안 되니 근저당 설정이 없으나 법인·민간 어린이집은 근저당 설정이 되어 있는 곳이 있다. 어린이집으로 대출받은 이자와 원금을 학부모가 특별활동비 이름으로 상환하고 있다는 현실을 이제 부모에게 알려야 한다. 대출 금액이 많고 이자율이 높을수록 그 어린이집에 다니는 부모의 '부담금'은 가중된다.

만약 그 대출금이 어린이집 운영에 쓰인 것도 아니고 원장의 생활비, 원장 가족의 자동차 구입비, 원장 자녀의 대학교 등록금으로 쓰였는데 특별활동비 명목으로 납부한 돈으로 이자와 원금이 상환되고 있다면 관공서는 경찰에 수사를 의뢰해야 한다. 단순히 돈만 돌려주게 한 다음 끝낼 일이 아니다.

『2014년 보육사업안내』를 보면 어린이집의 종류는 다음과 같이 7가지다.

번호	종류	비고
1	국공립 어린이집	
2	사회복지법인 어린이집	
3	법인·단체 등 어린이집	
4	민간 어린이집	
5	직장 어린이집	
6	가정 어린이집	
7	부모협동 어린이집	

그러나 실제 어린이집의 종류는 그보다 훨씬 다양한데, 정리하면 아래와 같다.

번호	종류	세부 종류	비고
1	국공립 어린이집 약 3000여 곳	1. 법인 위탁 구립·시립 어린이집	
		2. 개인 위탁 구립·시립 어린이집	
		3. 종교 위탁 구립·시립 어린이집	
		4. 개인 위탁 구립·시립 어린이집	
2	사회복지법인 어린이집 약 1400여 곳	1. 한국전쟁 때부터 고아원 – 보육원 – 아동 복지시설과 어린이집	
		2. 한국전쟁 때부터 유치원과 어린이집	
		3. 새마을유아원에서 어린이집으로 전환	
		4. 보육시설 3개년 확충 계획에 의거 정책 유도 어린이집(건축비 무상 지원)	
		5. 민간에서 법인으로 전환 어린이집	
		6. 영아 전담 법인 어린이집	
3	법인·단체 등 어린이집 약 1000여 곳	1. 기독교 법인 어린이집	
		2. 천주교 법인 어린이집	
		3. 불교 법인 어린이집	
		4. 원불교 법인 어린이집	
		5. 복지관 소속 어린이집	

			평가인증 통과	
4	민간 어린이집	1. 자가 소유 어린이집 (대출 유무로 나눔)	평가인증 유보	
			평가인증 미통과	
			신청조차 안 함	
		2. 전세 세입자 어린이집	평가인증 통과	
			평가인증 유보	
			평가인증 미통과	
			신청조차 안 함	
		3. 월세 세입자 어린이집	평가인증 통과	
			평가인증 유보	
			평가인증 미통과	
			신청조차 안 함	
		국민연금공단 기금 대출 어린이집		
		공공형 어린이집		
		서울형 어린이집		
		영아 전담 어린이집		
5	가정 어린이집	1. 자가 소유 어린이집	평가인증 통과	
			평가인증 유보	
			평가인증 미통과	
			신청조차 안 함	
		2. 전세 세입자 어린이집	평가인증 통과	
			평가인증 유보	
			평가인증 미통과	
			신청조차 안 함	
		3. 월세 세입자 어린이집	평가인증 통과	
			평가인증 유보	
			평가인증 미통과	
			신청조차 안 함	

		공공형 어린이집	
		서울형 어린이집	
6	직장 어린이집	사기업	
		공기업	
		대기업	
7	부모협동 어린이집		

위 표와 같이 어린이집은 종류도 다양하고 태생도 다 다르다. 이러한 현실을 고려하지 않고 구립이나 시립 위탁 어린이집과 똑같은 어린이집 운영회계를 강요받다 보니 구립과 시립에 다니는 영유아는 상대적으로 국고 지원이 많고 구립·시립을 제외한 나머지 사립 어린이집을 다니는 영유아는 상대적으로 국고 지원이 적다.

정원이 50명인 어린이집을 기준으로 서울에서 구립을 짓는다고 보면 약 15억 원 정도가 소요된다고 볼 때 구립이나 시립은 전액 국고로 만들어진다. 그러나 법인이나 민간이나 가정은 전액 개인 사유재산으로 만들어진다. 그러나 개원하여 영유아가 사립 어린이집에 입학하면 구립이나 시립 어린이집에 다니는 영유아와 똑같은 보육료를 지원받는다.

부모들은 다음 표를 보고 의문을 가져야 한다. '왜 국고가 구립·시립 위탁 어린이집에 다니는 아이들만 많이 지원되지?' 하고 말이다.

구분	토지	건물	초기 시설	인건비	보육료
구립과 시립 위탁 어린이집	국고 전액 부담				같은 금액을 부모에게 국고 지원
법인 / 개인 / 단체	개인 · 법인, 단체 부담				

유형	법인	관련법	이사회	운영 위원회	평가 인증제	재산권 소유	
						설치	폐쇄
구립 / 시립	무	영유아보육법	무	유	유	지자체	지자체
사회복지법인	유	사회복지사업법 영유아보육법	유	유	유	개인	국가
민간 어린이집	무	영유아보육법	무	유	유	개인	개인
가정 어린이집	무	영유아보육법	무	유	유	개인	개인
직장 어린이집	무	영유아보육법	무	유	유	직장	직장
비영리 종교법인	유	영유아보육법	유	유	유	종교	종교
근로복지공단	무	영유아보육법	무	유	유	근로복지공단	근로복지공단

50인 기준으로 구립 · 시립 어린이집에 입학한 영유아한테는 약 15억 원이 국고에서 지원된다. 그리고 만 5세 유아에게는 바우처 형태의 아이사랑카드로 약 22만 원이 지원된다. 구립 · 시립 어린이집에 다니는 원아 50명은 15억 원 국고 혜택에 약 22만 원을 추가로 지원받는데 사립 어린이집을 다니는 영유아는 약 22만 원만 국고 지원을 받고 있는 것이다. 이상하지 않은가?

어린이집 운영비에서 대출이자까지 상환하고 있는 사립 어린이집에 아이를 보내는 영유아 부모는 하루빨리 구립 · 시립 어린이집을 확충해달라고 요구해야 한다.

23 원장이 쓴 사채 이자도
특별활동비로 충당

　안심하고 믿고 맡길 어린이집이 없다고 생각하는 부모는 이 책을 읽고 나면 더 허탈할 것이다. 진짜로 믿고 맡길 어린이집이 없음에 비통함이 밀려올 것이다. 그저 양심 불량자 원장 소수가 저지르는 비리가 기사로 나오고 뉴스로 나오는 거라 믿고 싶었을 것이다. 전국 약 4만 5000여 어린이집의 95퍼센트를 차지하는 민간·가정·법인 어린이집이 비리로 먹고사는 실정을 알고 나면 어린이집에 아이를 보내지 말아야겠다는 생각이 들 것이다. 그러나 그렇게 마음을 먹어도 뾰족한 대안이 없는 것이 더 슬픈 현실이다.

　모 어린이집에 아이를 보내는 부모가 알려준 특별활동 내역과 금액이다. ○○영어 주 2회(외부 강사), 체육 주 1회(외부 강사), 바이올린 주 1회(외부 강사), 생태학습(교재가 따로 있어 식물 곤충 등을 관찰하는 자연학습), 가베, 한자, 미술, 한글수학(개인 수준별 교재) 이렇게 해서 월 6만 원을 내고 있다고 한다. 아이가 입학할 당시 입학금, 연간 교재비, 현장체험학습비로 약 30만 원은 이미 낸 상태다. 매월 고정적으로 청구되어 납부하는 필요경비 몫이다.

앞서 말했듯 일단 6만 원 중에서 3만 원은 원장이 챙기는 몫이다. 처음부터 현금으로 받아 착복을 하든 업체에 입금하여 돌려받든 모든 어린이집은 필요경비의 50퍼센트는 원장이 챙겨야 생활이 된다. 정원의 70~80퍼센트 정도로 원아를 모집한 어린이집은 원장이 필요경비에 손을 댄다. 이미 십수 년간 관행적으로 해온 것도 있지만 개인의 사유재산이 투입된 부분에 대한 대가를 정부나 사용자 부모가 지불하지 않았기 때문에 학부모가 부담하는 필요경비에 손을 대는 것은 원장으로서는 생존을 위한 자구책이다. 별도로 다른 사업을 하지 않는 어린이집은 정원이 다 차지 않으면 적자다.

1997년으로 거슬러 올라가면 당시에는 어린이집을 담보로 대출이 안 되었다. 사회복지법인은 관청의 승인을 받아야 했고 실제 그 승인을 받는 것은 하늘에 별을 따기보다 어려웠다. 대단한 힘을 가진 자의 도움 없이는 불가능했다. 하여 일반법인 어린이집은 어린이집을 담보로 대출은 안 된다고 생각을 하고 그렇게 설명을 한다. 그 당시 민간이나 가정 어린이집은 국고로 10원도 지원을 받지 못했고 개인 재산으로 대출을 받아야 했다.

그러나 참여정부 시절 "온 가족 같이 창업하는 어린이집, 대출 가능"이라는 찌라시가 팩스로 들어왔고 민간, 가정 어린이집은 어린이집을 담보로 대출을 받게 되었다. 그리고 그 대출로 인해 소상

공인 창업 어린이집이 증가했다. 지금처럼 인가가 아닌 신고만으로 어린이집 개원이 가능했다. 어린이집이 영유아 국가목적사업인 줄 모른 채 돈이 되는 사업으로 인식되어 우후죽순으로 한 집 건너 어린이집이 생겨났다.

어린이집 원장들이 대출을 받는 순서는 다음과 같다. 먼저 어린이집을 담보로 제1금융권에서 대출을 받는다. 운영이 어려우면 제1금융에서 저축은행같이 대출을 더 해주는 곳으로 갈아탄다. 보통 사람들이 고금리 대출을 이용하다 저금리 은행으로 전환하는 것과는 반대다. 또 처음부터 제1금융에서 꺼리니 새마을금고나 신협 같은 곳에서 대출을 받기도 하고 어떤 어린이집은 이름도 생소한 저축은행에서 고금리 대출을 받는다. 자가 어린이집은 적게는 5억 원에서 많게는 20억 원이 드는 돈 먹는 하마다. 대출을 끼고 마련하지 않으면 엄두를 못 낸다. 또한 토지와 건물이 있어도 안에 인테리어와 보육 환경을 마련하는 데 많은 비용이 든다.

개원했다고 바로 목돈이 들어오는 구조가 아니라서 원아 모집이 3개월, 6개월 늦어지면 적자가 쌓인다. 그리고 적자에 대한 부담은 정부도 지자체도 아니고 개인이, 법인 어린이집에서 감당해야 하는 구조다 보니 어린이집에 아이를 보내는 부모가 그 비용을 부담하게 된다.

어린이집으로 받은 담보대출이 한계에 이르면 원장이 자신의 아파트나 주택으로 대출을 받는다. 원장 개인의 신용에 따라 현금서비스, 카드론, 캐피탈까지 다 이용하고 나면 사채까지 빌린다. 1부

5리는 기본이고 심지어는 3부 이자에 달려 급전까지 빌려 어린이집을 꾸린다. 중요한 건 사업이라곤 어린이집 운영이 전부인데 그 사채 이자를 상환하고 있다는 것이다. 바로 현금으로 납부하는 고마운 영유아 부모 덕에 사채 이자 상환이 가능한 것이다. 허위 교사를 등록하고 허위 아동을 등록하여 일단 보조금을 받고 본다. 훗날 들통이 나서 다시 게워낼 판이래도 당장 매월 들어가는 이자를 연체하면 이자가 눈덩이처럼 불어 어린이집이 경매로 넘어가는 지경에 이르기 때문이다.

구립이나 시립 어린이집은 국고로 지원받기 때문에 개인 원장이 대출을 받거나 이자를 상환해야 하는 부담이 없다. 결국 구립과 시립 어린이집에 다니는 영유아의 가정은 별도 대출이자 상환비용을 부담하지 않아도 된다. 그러나 개인이 재정을 부담한 민간이나 가정 어린이집에 다니는 영유아의 부모는 다르다.

원장의 대출금액이 증가할수록, 이자 부담이 크면 클수록 부모가 부담해야 할 특별활동비 금액은 증가한다. 결국 어린이집이 떠안고 있는 대출금 이자와 원금은 바로 그 어린이집에 아이를 보내는 부모가 어떤 형태로든 부담하는 것이다.

구분	운영비	비고
대출이 없는 어린이집	운영비에서 영유아 활동비와 일부 원장 생계비로 지출	
대출이 있는 어린이집	운영비에서 영유아 활동비와 일부 원장 생계비로 지출하면서 대출이자 상환 추가 됨.	

결국 자신의 자녀가 다니는 어린이집에 대출이 많다면 그 부담은 부모의 몫이다. 원장은 어떻게 하든 어린이집 원아한테서 받는 비용으로 대출이자를 상환하지 '투 잡'을 하거나 배우자가 벌어 오는 돈으로 어린이집 대출이자를 상환하지 않는다.

또 보건복지부가 원금은 상환하지 못하게 하고 대출이자만 상환하도록 하다 보니 겉으로는 대출이자만 어린이집 운영비에서 상환하고 원금 상환은 음성적인 방법으로 마련하여 상환한다.

많은 어린이집 원장들이 어린이집 수입을 개인적 용도로 사용하여 비용을 지출하면 안 된다는 개념조차 없다. 일단 이자든 생계비든 지출하고 서류를 끼워 맞춘 다음 걸리면 무릎 꿇고 빌어 넘어가자는 행태가 다반사다. 그러나 어린이집 대출 문제를 해결하지 않으면 그 어린이집의 대출 이자와 원금은 어린이집에 아이를 보내는 부모가 열심히 갚는 꼴밖에 안 된다. 이걸 아는 부모는 그리 많지 않다.

대출을 많이 받은 어린이집은 특별활동비를 많이 요구할 수밖에 없다. 그리고 특별활동 개수도 증가한다. 한두 개 하면서 비용을 많이 달라고 하기는 어려우니 개수를 늘려서 특별활동비를 인상하는 것이다. 실제 특별활동도 30분, 60분씩 하는 건 없다. 영유아들은 30분, 60분씩 한 활동을 못해낸다. 길면 15분, 짧으면 10분 이내에 마쳐야 한다.

우리 영유아들은 영문도 모르고 5분짜리, 10분짜리, 15분짜리 특별활동 받는다고 이동수업을 하러 이 교실 저 교실 다닌다. 늘어난 특별활동 개수는 진정으로 영유아를 위함이 아니고 영유아 부모 부담만 가중시키는 꼴이다. 그 원인은 원장이 어린이집 담보로 대출받은 대출금이다.

부모는 자녀 가방에 넣어진 특별활동 고지서를 보면 한숨이 절로 나온다. 그나마도 카드로 결제하면 좋겠는데 어린이집에선 반드시 현금으로 납부를 요구한다. 형편이 어렵지 않을 때는 카드든 현금이든 그런 요구가 대수롭지 않은데 형편이 어려울 때는 카드 결제라도 되었으면 하는 게 부모 마음이다.

보건복지부가 현금으로 수납하는 걸 막은 지 벌써 7~8년이 넘었다. 또 부득불 현금으로 수납했을 때는 바로 은행에 입금하라고 한다. 이렇게 이미 5~6년 전부터 보건복지부는 아이사랑카드로 결제하라고 명령해도 어린이집은 보육료만 아이사랑카드로 결제하고 특별활동비는 현금 납부를 요구하고 있는 실정이다. 결국 현금 납부를 요구한 어린이집에서 공금횡령이라는 비리가 끊임없이 일어나고 있다. 또 여전히 일어나고 있는 어린이집 회계 비리를 막지 못하는 현실에서 유치원의 현금 납부는 자금의 투명성 확보를 위해서도 막아야 한다.

얼마 전 유치원에서 특별활동비를 현금으로 납부하라고 요구하는 것이 정당한지를 따진 기사가 있었다. 45만 원씩 내는 돈을 매번 현금으로 납부하라고 하니 카드로 결제가 가능한지 문의했다가 "유치원은 원래 카드 결제를 받지 않는다. 어디를 가도 마찬가지다"라고 거절을 당하고는 '왜 카드 결제가 안 되나?' 하고 의아한 생각이 들었다는 것이다. 그런데 기사를 통해 읽은 교육부의 답변이 가관이다. "유치원은 비영리 기관에 해당하기 때문에 카드 결제를 강제할 수 없다"고 외면했다는 것이다. 매달 수십만에서 100여만 원에 달하는 원비를 현금으로 납부하게 한다? 현금으로 수납한 원비에 대한 회계 감사는 어떻게 하는지 그 구조가 궁금하다.

24 새 제품은 원장 집으로 중고품은 어린이집으로

어린이집 원장들은 어린이집 운영비로 물건을 사든 부식을 사든 어린이집보다 원장 자신의 집을 먼저 챙긴다. 어린이집이 국가목 적사업이라는 의식도 없다. 또 삼삼오오 모이면 원장들은 "내 돈 내서 내가 어린이집을 하는데 어때?"라고 당당하게 말한다. 더구 나 어린이집 통장에 있는 돈도 내 돈이라고 여겨왔다. 원장 개인 돈이 아니고 어린이집 운영 공금이라는 개념도 미약하다. 그렇다 보니 내 돈처럼 생각 없이 인출하여 사용한 것도 사실이다.

토지, 건물, 시설비 등을 전액 국고에서 지원받는 구립·시립 어 린이집이 아니다 보니 보건복지부도 강력하게 영유아 국가목적사 업 재무회계를 요구하지 않았고 약 20여 년간 묵인해왔다.

원장 자녀가 노트북을 하나 사달라고 한다. 최신형으로 노트북 을 구입한다. 그 노트북은 어린이집으로 배달되고 원장 집에서 아들이 사용한다. 물론 어린이집 통장에서 지출이 되고 계좌이체한 입금전표와 제품 영수증도 정확하게 지출명세서에 붙인다. 대학생 자녀는 이렇게 구입한 노트북이 어린이집 운영비로 결제한 어린이집 자산이고 지도점검 대상이라는 걸 모른 채 사용한다. 어린이집 운영비로 결제했는지, 원장이 개인 돈으로 결제했는지 그걸 따지는 자녀도 없다.

원장은 자녀가 들고 다니던 노트북을 지도점검을 받는 1년에 하루만 원에 가지고 와서 물건과 영수증만 확인시켜주면 된다. 이 노트북이 원에 있든 원장 자녀가 들고 다니며 사용하든 누가 사용하는지 확인하는 작업은 없다. 또 지도점검 때 나와서 "구입한 노트북은 어디 있나요?" 확인하는 공무원은 없다. 설령 확인을 한다고 해도 지도점검에 걸릴 일은 없다. 왜? 그날 하루만 자녀에게 지도점검 온다고 말하고 원에 갖다 놓으면 간단하게 넘어갈 수 있기 때문이다.

어린이집 운영비로 새 TV를 사서 원장 집에 갖다 놓고 어린이집에는 재활용 센터에서 산 중고 TV를 놓아도 공무원은 모른다. 교실에 있는 TV가 새로 산 그 물건인지, 중고인지까지는 확인할 수 없다. 아니, 하지 않는다. 원장실에 앉아 커피 마시고 녹차 케이크 먹으면서 수다 떠는 공무원은 있어도 보육실에 들어가 영수증하고 물건을 확인, 대조하는 공무원은 없다. 원장 개인 집에서 쓰다 나오는 중고 가전제품을 어린이집에 갖다 놓고 사서 갖다 놓은 것처럼 지출하는 경우도 있다. 이럴 때는 개인한테 직접 구입했다고 지인 이름 하나 써놓고 영수증 한 장 만들어 도장을 찍는다. 이런 영수증도 인정해준다. 담당자가 봐주려고 마음먹은 어린이집에 한해서.

무상 보육 실시 이후 허위 등록 아동이 많으니 일단 교실에는 들어간다. 교실에 들어가 애들 이름만 냅다 부르면서 입학원서로 대조한다. 지금 교실에 있는 아이하고 등록된 영유아가 맞나 대조만 한다. 그러나 그것도 교사한테 원아 수만 물어보고 끝내는 경우가 허다하다.

이런 경우도 있다. 원장 집의 에어컨을 바꿀 때 원장 집에서 사용하던 에어컨을 어린이집으로 가져온다. 그리고 새로 산 에어컨은 원장 집으로 배달해 설치한다. 물론 결제는 어린이집 통장에서 하고 영수증도 어린이집 자산 취득 지출서에 붙인다. 원장 집 가전제품이 새것으로 교체되는 날, 어린이집에는 이유 없이 가전제품이 늘어난다.

냉장고, TV, 세탁기 어떤 가전제품이든 예외가 아니다. 신제품이거나 고가 가전제품을 실제로 사용하는 사람은 어린이집 원장 가족이고, 그 결제는 어린이집 운영비로 하고, 어린이집에는 원장 집에서 쓰던 가전제품을 가져다 놓는다. 어린이집에 가져다 놓은 중고 가전제품이 영수증상으로는 새로 산 제품으로 둔갑하는 것이다. 이 방법은 지금까지도 발각되지도 않았고 앞으로도 발각될 일이 없는 지능적인 수법이다.

데스크톱 컴퓨터도 최신형은 원장 집으로 배달하고 어린이집에서는 버벅거리는 오래된 컴퓨터를 교사가 사용한다. 보육만 담당하는 교사들은 원장이 돈을 아끼려고 원장 집에 있는 컴퓨터를 가져왔다고 생각한다. 그러나 회계를 다루는 교사는 새 컴퓨터를 구입해서 원장 집으로 가져가고 원 운영비로 지출했다는 사실을 안다. 그러나 구청에 알리지는 않는다. 그런 일 눈감아주는 조건으로 기름값을 20만 원 받든지, 과일이라도 사 들고 가라고 주는 돈 10만 원을 받아 쓰는 맛에 모른 체한다.

25 돈만 받고 하지도 않는 현장체험학습

필요경비라는 명목으로 원아들에게 매월 7만~9만 원씩 납입케 한다. 견학도 무료인 곳만 골라 찾아다닌다. 원장 승용차에 14명을 태우고 이동하는 비상식적 운행에 유류비만 지출해도 분노를 얻을 판에 유령 버스 업체와 짜고 현장체험학습 시 버스를 대절한 것처럼 꾸민다. 어떤 차량을 이용했든 현장체험은 맞는다. 그러나 개인 승용차에 14명씩 태우면서 경비를 지출한 것처럼 꾸미는 것을 교사들도 다 안다. 아이들은 원장 개인 승용차인지, 가짜 서류로 만들어낸 대절 버스인지 모른다. 그저 아이들은 밖에 나가면 좋아할 뿐이다.

현장체험 교육은 하지도 않고 진행한 것처럼 해서 비용을 지출한 것처럼 꾸미는 일도 많다. 현장체험 교육이 제공된 것처럼 조작하는 것이다. 스펀지처럼 주는 대로 받아들이는 아이들을 상대로 원장이 부도덕한 짓을 저지르고 있는 것이다. 원장은 돈을 챙기니 배가 부를지 모르나 영유아들은 눈으로 보고 손으로 만지며 배울 기회를 박탈당한 것이다. 돈은 돈대로 부모에게 필요경비란 명목으로 다 받았으면서 교육 기회를 안 준 것이다.

학부모 부담 필요경비란 보육료에 포함되지 않는 현물을 구입하는 비용(입학준비금 명목의 상해보험료와 피복류 구입비, 개인 준비물 구입 비용 등)과 통상적인 보육 프로그램에 속하지 않는 특별활동, 현장학습에 드는 실비 성격의 비용을 뜻한다. 영유아보육법 제38조(보육료 등의 수납)에 따르면 어린이집을 설치, 운영하는 자는 어린이집의 소재지를 관할하는 시도지사가 정하는 범위에서 어린이집을 이용하는 자에게 보육료와 그 밖의 필요경비 등을 받을 수 있다. 다만 시도지사는 필요 시 어린이집 유형과 지역적 여건을 고려하여 그 기준을 다르게 정할 수 있다.

상해보험료는 5000원도 있고 7000원도 있고 보상 정도에 따라 금액이 다르다. 대다수 어린이집은 한 푼이라도 싼 상해보험을 들고 상해보험 들었다는 시늉만 한다.

보통 여름 하복 가격은 팸플릿에 2만 5000~3만 5000원 선으로 나와 있다. 그러면 원복 장사는 50퍼센트 할인해서 1만 2500원이나 1만 7500원에 납품한다. 물론 영수증에는 팸플릿에 인쇄된 금액으로 기입한다. 겨울 동복은 평균 8만 원에서 15만 원 선이다. 이것도 50퍼센트 할인하여 절반 가격으로 들어오고 영수증은 팸플릿 가격으로 끊는다. 체육복도 50퍼센트 할인은 기본이다.

내심 금액이 비싸다 싶어도 부모들은 내 자녀만 안 입힐 수 없기에 거부하지 못한다. 현장체험학습 등 밖으로 나갈 때 같이 원복을 입어야 눈에도 띄고 보호·관리를 잘할 수 있다고 설명하므로 비싸든 싸든 구입한다.

정원이 100명이고 원복비가 5만 원이면 총액은 500만 원이다. 그중 250만 원은 원장의 쌈짓돈이다. 원복비가 10만 원이면 1000만 원 중 500만 원은 원장의 부수입이다. 이때 같이 담합한 업체 상대로 '양심선언'을 요구할 수도 없다. 그러면 업체도 문을 닫아야 하기 때문이다.

26 친정에 생활비 500만 원 보내는 효녀 원장

가정 어린이집을 하는 원장이 찾아왔다. 자신은 친정에 매달 생활비를 500만 원씩 보낸다고 자랑삼아 하는 이야길 들었다. 어린이집을 하면서 어떻게 친정에 생활비 500만 원을 보낼 수 있는지 너무 신기했다. 어린이집 통장에 있는 돈은 어린이집 영유아를 위한 일 외에는 단돈 10원도 쓰면 안 된다. 다 공금횡령이다.

어린이집 지출 항목 어디에도 원장이든 시집이든, 친정이든 생활비로 지출할 수 있는 항목은 없다. 그래서 어떤 수입이 있어 가능한지 물어보았다.

먼저 학부모한테 기타 경비를 받을 때 매월 봉투를 보내서 별도의 현금을 직접 받는다고 했다. 그렇게 받은 돈은 통장에 입금 처리를 하지 않고 바로 친정으로 송금한다고 했다. 통장에 입금을 하지 않으면 구청 지도점검 때 걸리지 않느냐고 물으니 지금 10년째

하고 있지만 단 한 번도 구청에서 학부모로부터 받는 자부담 비용을 묻지도 않았고, 묻지도 않는데 말을 할 필요가 없어서 입 다물고 있다고 했다.

또 미리 엄마들에게 혹시 구청에서 전화가 오면 별도로 내는 비용이 전혀 없다고 대답하라고 말도 맞추었다고 했다. 선생님들한테도 어린이집 내부 비밀 유지에 대한 각서를 받아놔서 아무도 그 비용에 대해 말하지 않을 거라는 확신도 보였다.

영유아 부모 약 20명, 어린이집 근무자 약 7명, 약 27명이 거짓말을 하기로 작심하고 그 비밀을 지키고 그것이 유지가 된다는 사실이 더 놀라왔다. 그러나 영아한테 국민 세금으로 보육료가 얼마씩 지원되는지 정확한 금액을 영유아 부모도, 보육하는 선생님들도 안다면 상황은 달라질 것이다.

결국 원장이 친정어머니에게 보내는 생활비 500만 원은 그 원에 다니는 원아에게 쓰여야 할 돈인데 뒤로, 음성적으로 빼돌린 것이다. 아이사랑카드로 결제되어 노출이 되는 보육료는 빼고 추가 비용을 부모들에게 현금으로 받아 불법적으로 친정에 송금한 것이다. 그 친정어머니는 내 딸이 불법으로 챙긴 돈을 생활비로 보내는 줄 모르고 효녀라고 감동받았을지도 모르겠다. 그러나 그 돈은 적발되면 다 토해내야 하는 공금이다. 금액이 크면 교도소에 갈 범죄임도 이제 알아야 한다.

영유아 부모들은 아직도 정확하게 자신의 자녀 몫으로 국고가 얼마나 지원되는지 모른다. 보건복지부는 국민 세금으로 얼마가

154

지원되고 있다는 사실을 왜 고지하지 않을까? 보건복지부의 고지 의무 위반으로 인해 대한민국 어린이집은 불법이 성행하는 영역이 되었다.

보건복지부는 국민 세금으로 지원되는 영아 보육료 지원금을 반드시 고지할 의무가 있다. 만 0세 영아에게는 정부지원보육료 39만 4000원과 기본보육료 지원금 36만 1000원을 합해서 75만 5000원이 지원되고 있다. 75만 5000원이 부모들 지갑에서 직접 나가지 않고 국민 세금으로 지원되다 보니 마치 공짜인 것처럼 여긴다. 부모가 직접 자기 돈으로 어린이집에 납부하는 것이 아니니 많은 돈인지, 적은 돈인지 감을 못 잡고 있다.

더구나 이렇게 많은 금액을 국가에서 지원하고 있음에도 영아 부모가 별도로 비용을 부담한다. 적게는 10만 원, 많게는 30만 원씩 추가로 부담한다. 현금으로 보내기도 하고, 자녀가 먹을 분유, 이유식, 휴지, 기저귀, 물티슈를 보내기도 한다. 만 0세(우리 나이로 2세) 자녀에게 매월 국민 세금으로 75만 5000원이 지원되고 있는데 부모들은 이 75만 5000원이 지원되는 줄 모르니 보육료가 어떻게 쓰이는지 관심조차도 없다.

만 1세(우리 나이로 3세) 영아에게는 정부지원보육료 34만 7000원과 기본보육료 17만 4000원을 합해서 52만 1000원이 국민 세금으로 지원되고 있다. 만 2세(우리 나이로 4세) 영아에게는 정부지원보육료 28만 6000원과 기본보육료 11만 5000원을 합해서 40만 1000원이 국민 세금으로 지원되고 있다.

영아에게 가장 좋은 선생님은 엄마다. 할머니다. 어린이집을 보내면 0세에게 국고로 75만 5000원을 주는데 집에서 양육하면 약 20만 원을 준다. 어린이집을 보내든, 집에서 양육하든 돈은 똑같이 지원해야 한다. 그래야 허위로 영유아 등록해놓고 보육료 착복하는 비리를 근절할 수 있다. 양육비든 보육비든 지원 목적은 하나다. 영유아들 양육, 보육하는 데 경제적인 도움을 주고자 함이다. 내 자녀를 집에서 양육하면 20만 원을 지원받거나 아예 한 푼도 못 받는 가정도 있으나 어린이집에 등록만 하면 약 70만 원, 50만 원, 40만 원씩 지원이 되니 집에 있는 영아들을 보면 원장들이 이름이라도 허위로 등록하려고 혈안이 되는 것이다.

> 만 0세 영아에게 국민 세금이 75만 5000원 지원된다.
> 만 1세 영아에게 국민 세금이 52만 1000원 지원된다.
> 만 2세 영아에게 국민 세금이 40만 1000원 지원된다.

보건복지부는 브로슈어를 만들어 영아 가정으로 발송하든지 앱을 통해 전달하든지 영아 부모에게 국민 세금으로 지원되는 보육료 금액을 정확하게 고지할 의무부터 실행에 옮겨야 한다.

정부 지원이든 기본이든 둘 다 보육료다. 단어 짜깁기하여 혼란만 가중시키지 말고 정확하게 "부모님의 자녀에게 국민 세금이 얼마 지원되고 있습니다" 고지해야 한다.

고지의무를 충실히 이행하면 부모가 어린이집에 당당하게 요구할 것 아닌가. 뭘 먹였는지, 어떤 교육 프로그램을 제공했는지 떳떳하게 물어볼 것 아닌가. 영아를 집에서 양육하는 것보다 어린이집에 보낼 때 지원금이 더 많으니 먹을거리가 걱정이 되어도, 영아학대가 걱정이 되어도 떨어지지 않으려고 악을 쓰며 우는 영아를 억지로 보내는 실정이다. 걱정하며 불안해하며 염려하며 어린이집에 보내야 지원받는 그 양육비를 각 가정에 지원하면 어린이집에 보내지 않는 젊은 부모와 조부모가 증가할 것이다.

27 어린이집만 하는데 아파트도 사고 밭도 사고?

주변에서 어린이집 원장이 2~3년 사이에 부자가 되는 경우를 많이 본다. 또 남의 건물 한 층을 임대로 얻어 겨우 2~3년 운영한 것 같은데 자기 땅 사서 큰 건물 짓고 늘려가는 원장도 있다. 심지어 어린이집을 팔고 유치원을 짓는 원장도 허다하다.

내막을 잘 모르는 사람들은 이렇게 말한다. "어린이집이 장사가 잘되는 모양이다. 아이들이 얼마나 많은지 다 돈 아닌가? 내 며느리도 어린이집을 하면 좋을 텐데" 하며 부러워한다. 사실 이 말은 참 조심스러운 말이다. 어린이집 자체가 원장 급여 말고는 단돈 10원도 취득해서는 안 되는 구조인데, 어린이집만 하는데 부자가 되었다는 말은 결국 도둑질했다는 말이다. 결국 교도소 갈 일을 했다는 것이다. 다만 걸리지 않았을 뿐인 것이다.

허위 교사 등록하여 국고보조금 빼먹고 허위 직원 등록하여 공금인 운영비 빼먹고 허위 영유아 등록하고 보육료 빼먹고……, 이렇게 온통 부정을 저지른 돈으로 아파트를 산다. 애초 아파트가 없고 월세나 전세로 살던 원장이 2~3년 사이에 아파트를 샀다면 그가 깔고 앉은 집은 부정을 저지른 돈으로 산 것으로 봐도 된다.

영수증을 가짜로 꾸미며 아이들을 먹이는 데 써야 할 급간식비를 빼돌리고 아이들에게 먹여야 할 음식을 빼돌려 잘 먹고 잘 살면서 빼돌린 돈으로 산 아파트인 것이다. 아무것도 모르는 아이 부모들에게 '영어를 해야 하네, 발레를 해야 하네' 하면서 특별활동비라는 명목으로 삥땅친 돈으로 사들인 아파트인 것이다.

정원 이외의 아이들을 받아서 온당치 못한 방법으로 돈을 벌어 근교에 밭도 사고 논도 산다. 이런 범죄행위를 자랑하고 다니는 배우자들도 있다. 자기 아내가 재주가 비상하여 돈을 아주 많이 번다고 자랑하고 다닌다.

어린이집 원장들끼리 하는 말이 있다. "엄청 훑었구먼, 애들은 구정물만 먹였나 봐. 어떻게 저렇게 갈고리로 쓸어 담듯이 끌어모았다냐." 참 슬픈 현실이다. 이 책의 독자들은 앞으로 어린이집 원장 집에 놀러 가면 '이게 다 비리로 챙긴 돈으로 사들인 거군' 하고 단정 지어도 된다. 두 부부가 하는 일이 어린이집밖에 없다면 말이다. 타고 다니는 자동차도, 차에 넣는 휘발유도 다 어린이집에서 아이들을 먹이고 보육해야 하는 데 써야 할 돈을 빼돌려 산 것이다. 원장 집의 제세공과금도 어린이집에서 각종 부정과 비리로 빼돌린 돈으로 지급하고 있는 것이다.

어떤 원장은 이렇게 말한다. "딴 데서 돈을 벌어 왔다"고. 그러면 간단하다. 어린이집 말고 다른 곳에서 수입이 발생한다고 하니 돈의 출처를 밝히면 답은 나온다. 수입처가 있다면 직장이든, 사업장이든 근거가 있을 것이고 거기서도 지출 내역이 있을 것이다. 세무서에서 조사하면 돈의 출처를 금방 밝혀낼 수 있다. 어린이집 말고는 수입이 없는데도 한 달에 몇백만 원씩 카드를 긁고 연체하는 일 한 번 없이 꼬박꼬박 납부하는 원장들이 많다. 도대체 이들이 무슨 돈으로 카드 사용 대금을 결제하는지 조사해봐야 한다.

어린이집 원장 급여는 200만 원 남짓인데 신용카드 사용액은 월급의 3~4배 이상이라는 사실만 잡아도 쉽게 자백을 받을 수 있다. 지인이 어린이집 원장인데 아파트를 사고 고급차를 타고 밭도 사고 논도 사고 건물도 몇 채 샀다면 바로 경찰에 고발해야 한다. 왜냐하면 그렇게 재산을 불리는 동안 원장이 운영하는 어린이집 아이들은 부실한 급식을 먹고 특별활동다운 특별활동 수업을 받지 못했을 것이기 때문이다. 현행 제도하에서는 어린이집을 합법적·정상적으로 운영해서는 부를 축적할 방법이 없다. 오히려 어린이집을 하며 빚이나 지지 않으면 다행이다.

| 어린이집 원장이 아내라 대박 터진 남자와 쪽박 찬 남자의 이야기

같은 부서에 근무하는 두 공무원이 있었다. 그 두 사람의 아내들은 모두 어린이집을 했는데, 한 사람은 대박, 한 사람은 쪽박을 찼

다. 아내가 민간 어린이집을 개원한 공무원은 대박이 났고 사회복지법인 어린이집을 개원한 공무원은 쪽박 났다.

먼저 민간 어린이집을 하여 대박 난 이야기를 해보자.

박봉인 남편의 월급만으로는 살아가기가 힘들어 맞벌이할 만한 걸 찾던 한 공무원의 아내는 아파트가 밀집한 부자 동네에 민간 어린이집을 개원했다. 정원 100명인 어린이집을 개원하면서 든 비용은 약 5억 원. 2억 5000만 원은 대출을 받고 살고 있던 아파트를 팔아 나머지 돈을 마련했다. 어린이집 2층에서 사니 그렇게 해도 무리가 없었다.

문을 열자마자 원아들이 줄을 섰다. 어린이집을 개원한 2000년 초 당시에는 그 시에 있는 어린이집이 모두 정원보다 20퍼센트씩 원아를 더 받고 있었다. 원장은 100명 정원이지만 50명을 초과하여 150명을 입학시켰다. 교사 1인당 7명을 보육해야 하는 연령이면 7명을 초과하여 14명을 보육하게 하였고 20명 정원이면 40명씩 교사 혼자서 보육하게 했다. 그리고 보육교사 급여로 50만 원을 주었다.

정원보다 초과로 입학시킨 50명에 대한 보육료는 회계 처리를 하지 않았다. 평균 1명당 13만 5000원씩 약 675만 원을 매월 원장 개인 통장에 꼬박꼬박 입금하였다. 평균 120만 원씩 지급해야 하는 교사 인건비는 원래 지급해야 할 급여 120만 원을 교사 통장에 넣어주고 교사한테 현금으로 70만 원을 돌려받았다. 교사가 7명이니 매월 약 490만 원이 원장 개인 통장에 입금되었다.

원복비, 연간 교재비, 현장체험학습비, 특별활동비는 업체에 대금을 지불하고 현금으로 약 50퍼센트에 해당하는 금액을 돌려받아 그 돈 역시 원장 개인 통장에 입금하였다. 평균 돌려받은 금액은 1인당 5만 원씩으로 매월 약 750만 원을 원장 개인 통장으로 입금하였다. 이렇게 매달 원장의 개인 통장에 약 1915만 원(675만 원+490만 원+750만 원)이 입금되었다.

어린이집 2층에서 살림을 하고 쌀이든 반찬이든 모두 어린이집 운영비에서 지출을 하니 원장 가정의 주부식비는 0원이다. 전기세, 수도세, 전화세 모두 어린이집 운영비에서 지출하니 공과금 역시 0원이다. TV든 냉장고든 컴퓨터든 모든 가전제품은 어린이집 운영비로 구입해 2층 살림집에 두고 사용했다. 이런 내막을 모르는 직원들은 오히려 원장 소유의 가전제품을 어린이집에서 사용하는 줄 알았다.

어린이집 명의로 할부 차량을 2대 구입하고 그 할부금도 어린이집 운영비로 지출했다. 유류비와 차량 수리비도 어린이집 운영비에서 지출하니 원장은 차량 구입비도 0원, 유류비 포함 유지관리비도 0원이었다.

1년에 한 번 여름 캠프비로 1인당 3만 5000원을 받았다. 총 525만 원 중 125만 원은 캠프비로 지급하고 400만 원을 캠프 업체로부터 현금으로 돌려받았다. 1년에 한 번 겨울 재롱잔치 때도 1인당 3만 원씩 450만 원을 받고 200만 원은 업체에 주고 250만 원을 현금으로 돌려받았다. 10월 가을 운동회 때도 1인당 3만 원씩 받고

450만 원 중 150만 원은 업체에 주고 나머지 300만 원을 돌려받았다.

매월 입금되는 약 1915만 원은 1년이 되니 약 2억 2000만 원으로 불어났다. 그 돈으로 친정 여동생 이름으로 대출을 안고 50평짜리 아파트를 구입하여 어린이집에서 살림집을 뺐다. 그러고는 2층까지 보육실을 늘려 원아를 50명 더 모집하였다. 그렇게 3년간 어린이집을 운영하니 원장 개인 통장에 들어온 돈은 10억 원이 조금 넘었다. 소득세도 전혀 물지 않은 돈이다.

원장 개인 통장에 있는 10억 원에 추가로 대출을 받아 5층짜리 건물을 하나 사서 영어 학원을 차렸다. 민간 어린이집과 영어 학원은 서로 시너지 효과를 내서 유아, 초중고 학생들로 넘쳤다.

그때까지 공무원을 하던 남편도 사표를 쓰고 나왔다. 아내가 돈을 잘 버니 굳이 직장을 다닐 필요도, 별도로 사업을 할 필요도 없었다. 졸부가 된 그 전직 공무원은 아내가 주는 돈으로 골프 치러 다니고 각종 모임에 나와 밥도 사고 술도 사고 후원금도 내고 인기가 상종가를 쳤다.

그렇게 3년을 같이 운영하다가 민간 어린이집 원장은 200명이 다 되어가는 어린이집을 권리금 포함 약 15억 원에 불법 매매로 넘겼다. 영어 학원도 권리금을 받고 매매했다. 그동안 부동산 가격은 3배가 올라 대박을 쳤고, 살고 있는 아파트 가격도 2배로 껑충 뛰어올랐다.

절반 이상을 대출받아 시작한 민간 어린이집을 발판으로 삼아 지금은 남부럽지 않게 살며 두 부부가 그동안 재산 불리며 구입한 아파트, 단독주택, 3층짜리 건물 세 군데에서 나오는 임대료로 생활하고 있다. 자녀들은 다 외국에 유학 보내고 두 부부가 맛집 찾아다니며 먹고 주말에는 산에 다니며 그렇게 지낸다. 사람들은 이들 부부를 보고 늘 어린이집 해서 부자 된 케이스라고 말한다.

이번에는 사회복지법인 어린이집을 하여 쪽박 난 이야기를 해 보자.

국공립 어린이집이 들어가야 할 저소득층 밀집 지역에다 평당 250만 원짜리 대지 100평을 2억 5000만 원을 주고 사서 법인에 출연하고 총 건축비 4억 5000만 원 중 법인 출연자가 2억 7600만 원을 부담하고 정부에서 1억 7400만 원을 지원하여 약 7억 원으로 사회복지법인 어린이집을 설립했다. 내부 시설비로 1억 원이 더 들어가 총 8억 원이 들었다. 대출을 신청하니 사회복지법인 어린이집은 대출이 안 된다는 답변이 돌아왔다.

원아 91명 가운데 전면 지원자 빼고 절반 이상이 감면자(50퍼센트 지원자)였다. 부모가 부담해야 할 자부담금을 단돈 10원도 낼 수 없는 가정의 아이들이라 입학금도 받을 수 없었다. 원복비도 마찬가지였다. 크레파스, 스케치북 등 개인 준비물조차도 마련해 오지 못하는 아이들, 사진 값 2300원도 못 내는 아이들, 한겨울 양말도 못 신고 오는 아이들, 팬티도 안 입고 바지만 달랑 입고 오는 아이들, 아빠는 집에서 놀고 엄마는 가출하여 할머니 손잡고 오는 아이들……. 집에 가서는 못 먹으니 어린이집 왔을 때라도 잘 먹여야 한다고 생각해 비용 생각하지 않고 먹이니 원장 입에 들어가는 것까지도 다 내어 먹여야 할 판이었다.

매달 늘어나는 적자를 감당하려고 이것 팔고 저것 팔고 나중에는 생각해 비용 생각하지 않고 먹이니 원장 결혼 패물까지 다 팔았지만 답이 없었다. 민간 어린이집은 매매가 되는데 사회복지법인 어린이집은 매매도 안 된다. 대출도 안 돼, 매매도 안 돼, 아랫돌 빼서 웃돌 박고 웃돌 빼서 아랫돌 박고……. 그렇게 17년이 흐르자 지역은 점점 낙후되어 땅값, 건물값 다 똥값이 되었다.

이런 사정을 모르는 사람들은 똑같은 어린이집인데 한쪽은 돈이 넘쳐 맛있는 것 먹고 여행 다니며 돈 쓰고 다니는데 한쪽은 돈이 없어 있는 재산 다 탕진했다고 원장 능력 부족이라고 손가락질했다. 수단과 방법을 가리지 않고 법이란 법은 다 위반하면서 재산을 2배, 3배 늘린 그 민간 어린이집 원장은 좋은 아내요, 남편 살리는 여자라고 치켜세웠다. 그리고 적자 메우며 법 지켜가며 제도가 개선될 날만 손꼽아 기다리는 사회복지법인 어린이집 원장은 나쁜 아내요, 집안 말아먹을 여자라고 흉을 봤다. 심지어 민간 어린이집 원장이 번 돈 만큼을 뒤로 빼돌리고 있다고 단정 짓는 이들도 있었다.

'눈 딱 감고 그 민간 어린이집 원장이 한 짓을 다 했더라면 지금 돈방석에 앉아 있을까?' '대표이사와 이사만 교체하면 불법이기는 하지만 매매를 할 수 있는데 권리금을 한 1~2억 원 얹어 넘겼다면

삶이 덜 고단하지 않았을까?' 이렇게 아침 생각 다르고 저녁 생각
이 다르다. "원장님, 아이들이 많던데 돈 많이 버셨지요?" 하면
"네" 하고 만다. 뭘 어떻게 어디서부터 설명하리오.

1998년 당시 시설장 월급은 65만 3000원(1998년 『보육사업지침』
184쪽)이고, 2014년 현재 시설장(원장) 월급은 178만 3320원(2014
년 『보육사업안내』 334쪽)이다.

사회복지법인이고 민간이고 간에 어린이집 원장은 본인의 급여
말고는 더 가져갈 수 있는 게 없다. 전 재산을 쏟아부은 사람에게
원장으로 근무하면서 급여만 받아가라는 제도가 문제일까? 나랏법
무시하고 할 수만 있다면 투입된 자기 돈 몫을 챙겨 가려는 자들이
문제일까?

같은 시기에 어린이집을 개원했지만 어떤 어린이집을 개원했는
지에 따라 재산을 엄청 불리기도 하고 재산을 다 날리기도 하는 게
과연 정상적인지, 이러한 제도를 유지하는 게 타당한지 보건복지
부가 설명을 해야 한다.

28 3개월 치 보육료만 주면 원아 넘겨요

원장들은 원아 모집에 목숨을 건다. 원아가 바로 돈이기 때문이다. 입학 상담 전화했을 때 "정원이 다 찼어요"라고 답하는 원장은 그래도 양심가다. 입학 상담하려고 전화하면 무조건 "원에 와서 상담하라"고 하는 원장이 있다. 자기 원에 정원이 다 찼어도 자기가 아는 어린이집에 소개해서 한 달 치 보육료를 소개비로 받는다.

순수하게 아이들이 좋아서 어린이집을 하는 원장도 있겠지만 '원아＝돈'이라고 생각하는 장사꾼 원장이 더 많다. 입학 상담을 했다고 다 접수를 하는 건 아니다. 다른 곳을 더 알아보고 오겠다는 부모도 있고 2~3개월 후에 오겠다는 부모도 있다. 그러나 악착같은 원장들은 일단 어린이집에 와서 상담을 한 부모는 절대 놓치지 않는다. 상담하면서 반드시 연락처를 받아놓는다. 수시로 전화를 걸어 안부를 묻는 척하면서 계속 관리를 한다. 그렇게 통화를 하다 보면 원장과 부모는 몇 년을 알고 지낸 사람처럼 친해진다.

어떤 원장은 상담만 하고 간 가정에 과일이든 과자를 사 가지고 방문하여 방 청소, 거실 청소도 해준다. 그 아이가 자신의 원에 입학을 해도 돈이요, 다른 원에 가도 1개월분 보육료를 소개비로 받으니 그 정도 수고를 기꺼이 한다. 자신의 원에 입학시키는 것이 목적이지만 거리가 멀다든지 등하원 시간이 맞지 않아 부득불 입학을 못 시킬 때는 근처 어린이집에 소개하여 소개비를 챙길 요량이다. 그것도 한 달에 서너 건씩 하면 돈이 100만 원이다.

소개를 받아 입학을 시키는 어린이집 원장 입장에선 한 명의 영유아라도 소개든, 뭐든 연결만 해준다면 1개월분 보육료가 아니라 3개월분 보육료라도 달라고 하면 줄 판이다. 또 몇 개월 다니다가 이사를 가거나 다른 곳으로 옮기겠다고 해도 어린이집을 물색하여 먼저 1~3개월분 보육료를 떼어줬던 것처럼 같은 방식으로 회수하면 된다. 그렇기에 그까짓 1~3개월분 보육료를 떼어주는 일은 망설일 필요가 없다.

지도점검 시 적발되어 폐쇄 처분을 받는 어린이집이 있다. 이런 경우 원장은 보육통합정보시스템을 검색해 정원 대비 현원이 50~60퍼센트밖에 안 찬 어린이집을 찾는다. 그런 다음 그곳에 전화를 해서 요번에 지도점검에 걸려 어린이집이 폐쇄되었다고 말하고, 원아를 당신네 어린이집으로 보낼 테니 두 달 치 보육료를 달라고 한다. 간이 부은 원장은 3개월 치를 요구하기도 한다. 그러면 거의 그렇게 한다.

예를 들어 원생이 30명 정도라도 1개월분 보육료에 특별활동비를 포함하면 1200만 원이고 3개월분이면 3600만 원이다. 지도점검으로 처벌받아 어린이집이 폐쇄되는 상황에서도 원아를 거래하여 돈을 챙기는 것이다. 이런 거래는 관공서나 경찰에서 절대 못 잡는다. 원아를 넘겨받은 원장이 절대 돈을 주고 원아를 샀다고 말하지 않기 때문이다.

이때도 물론 세금을 물지 않으려고 현금으로 주고받는다. 1만 원권만 있었을 때도 전부 현금으로 거래를 했는데 5만 원권이 생겨 부피가 줄어든 덕분에 현금 거래가 더욱 간편해졌다. 3000만 원에서 1억까지는 조금 큰 핸드백에 충분히 들어간다. 은행으로 거래하면 돈의 흐름이 잡히니 현금으로 거래하고 현금으로 받은 5만 원권 돈 뭉치는 원장 집 금고에 넣어둔다.

그렇게 소개받은 원아의 두 달 치 보육료를 소개한 원장에게 주더라도 그 아이가 1년을 다녀도 10개월 치 보육료를 챙길 수 있고, 동생까지 오면 더 많은 이득을 챙길 수 있기 때문이다. 부정을 저질러 어린이집이 폐쇄되면 이런 식으로 자기 원의 원아를 넘기기 시작한다.

3~6개월간 정지를 먹는 어린이집도 있다. 그렇지만 구청 서류상으로만 정지 상태고 실제로는 어린이집을 계속 운영한다. 그 기간 동안 교사는 절반만 고용하고, 부모한테는 수익자 부담금만 받아서 운영한다. 담당 공무원이 정지된 어린이집에 아이들이 한 명도 없는지 확인하는 일은 없다. 또 일주일이고 한 달이고 정기적으로 나

와 그 어린이집이 별도로 운영을 하는지 확인도 하지 않는다. 또 어떤 경우에는 50평 아파트를 구해서 그쪽으로 아이들을 다 옮겨놓고 계속 보육을 하기도 한다. 그렇게 하다 걸린 원장은 한 명도 없다.

어린이집을 운영하다 보면 종종 받게 되는 전화가 있다. 내용인즉 자기가 어린이집을 하고 있는데 이번에 영어 학원으로 변경할 예정이라 원아 70명을 넘기고 싶다는 것이다. 변죽도 좋고 원아 모집에 능숙한 원장들이 하는 수법이다. 정원 이외에 추가로 원아를 받는 것은 불법이나 대기자는 계속 늘어나니 원생 팔아먹는 사업을 하는 것이다. 70명을 넘기고 대기자들을 입학시키고, 다시 그 기존 원생 70명을 정원을 다 채우지 못한 어린이집에 팔고 대기자를 입학시킨다. 이렇게 하면서 목돈을 만져본 원장은 계속 이런 짓을 한다.

자신이 사정이 생겨 원아를 받아줄 수 있겠느냐고 전화로 접근할 때 순진하게 그 원아들을 그냥 보내준다고 생각해 고마운 원장이라고 여기면 큰코다친다. 한 명당 100만 원씩 7000만 원을 달라는 요구가 뒤따른다. 찔러보아서 먹히면 원아를 파는 것이고 안 먹히면 안 팔면 되는 것이다. 그런 원장들은 "원아 살래요?" 이런 말을 서슴없이 하고 전화로 제안할 때도 죄책감 없이 당당하다.

자기 어린이집 원아를 돈 100만 원 받고 다른 어린이집으로 보낼 수 있다고 생각하는 발상 자체가 소름끼친다. 어린이집에서 같이 부대끼고 지내다 보면 정도 들었을 텐데, 원아를 놓고 현금 거래하는 짓은 이제 그만두어야 한다.

29 1~2억 버는 건 일도 아닌
횡령의 달인들

어린이집에서 몇 억을 횡령했다는 기사를 자주 접할 수 있다. 실제 이렇게 몇 억씩 횡령했다는 기사가 나오면 많은 이들이 분통을 터트리지만 어떻게 어린이집에서 이렇게 많은 돈을 횡령할 수 있는지는 모른다. 여기서는 어린이집이 어떻게 이렇게 큰돈을 횡령할 수 있는지 항목별로 세세하게 계산해 살펴보고자 한다.

원아 100명인 어린이집을 기준으로 보육료가 평균 1인당 50만 원이라고 잡으면 한 달 보육료 총액이 5000만 원이다. 그러면 서류상 회계로는 5000만 원을 다 지출하여 잔액이 거의 없어야 한다. 그러나 실제 지출하는 금액은 넉넉하게 잡아도 인건비 약 2000만 원에 급간식비와 기타 비용을 다 포함해도 1000만 원이다. 크게 인심 써서 약 3000만 원을 지출했다고 해줘도 약 2000만 원이 매월 남는다. 그러면 연간 2억 4000만 원이다.

각종 학부모 부담액 예시(100명 기준)

번호	내용	1인당 금액	전체 원아 수 합계	연간	비고
1	입학금	약 7만 원	490만 원(70명)	490만 원	연 1회
2	재원비	약 3만 원	90만 원(30명)	90만 원	연 1회
3	연간 준비물	약 10만 원	700만 원	700만 원	연 1회
4	연간 교재비	약 15만 원	1,500만 원	1,500만원	연 1회
5	현장체험비	약 8만 원	800만 원	800만 원	연 1회
6	여름캠프비	약 6만 원	600만 원	600만 원	연 1회
7	겨울 재롱잔치	약 6만 원	600만 원	600만 원	연 1회
8	특별활동비	약 12만 원	1,200만 원	1억 4,400만 원	연 12회
9	친환경 쌀	약 10만 원	1,000만 원	1억 2,000만 원	연 12회
10	우윳값	약 6만 원	600만 원	7,200만 원	연 12회
11	교통비	약 3만 원	210만 원(70명)	2,520만 원(70명)	연 12회
12	원복 (동·하복, 체육복)	약 15만 원	1,500만 원	1,500만 원	연 1회
합계				약 4억 2,400만 원	

연간 학부모 부담금으로 거둬들이는 금액이 현원 100인 기준으로 약 4억 2400만 원이다. 이 중 50퍼센트를 지출하고 50퍼센트만 남긴다고 해도 약 2억 1200만 원이다. 그러면 보육료에서 남긴 2억 4000만 원을 합하면 연평균 약 4억 5200만 원이 현금화되어 원장의 집으로 들어간다. 세금도 내지 않는 돈이다. 현행법상 어린이집 원장은 자신의 급여만 가져갈 수 있는 구조라 서류상으로는 다 어린이집 운영비로 지출한 것으로 꾸미기 때문이다.

바로 이렇게 연간 몇 억씩 현금으로 돌려받은 돈을 모아서 아파트를 사고 건물을 사고 전답을 사는 것이다. 자녀 유학비도 이렇게 마련한다. 원장 남편의 골프 회원권도 이렇게 어린이집 회계 장난으로 마련한 것이다. 100인 정원 기준 최소로 잡아서 연간 2억 원이라면 50인 정원인 곳은 1억 원, 20명 정원인 곳은 5000만 원으로 보면 된다. 많은 원장들이 이렇게 서민들이 상상도 할 수 없는 금액을 뒤로 빼돌리고 있다. 이런 금액이 5년, 10년 모이면 어마어마하게 불어난다. 어린이집 해서 부자 되었다는 말이 빈말이 아니다. 그렇다 보니 불법인 권리금을 2억씩, 5억씩, 10억씩 쥐가며 너도나도 하려는 것이다.

아무리 어린이집 회계 구조를 바꾸자고 해도 이들은 꿈쩍도 안한다. 어린이집 회계 구조를 바꾼들 원장 급여나 조금 오를 것이고 어린이집에 투자한 금액 대비 얼마를 책정할 텐데 그 금액은 지금 몰래 챙기는 돈에 비하면 새 발의 피다.

가장 큰 문제는 원장들의 그릇된 인식과 그러한 인식을 갖게끔하는 잘못된 구조에 있다.

첫째, 원장들은 지도점검이나 잘 받아 넘어가면 계속 해오던 대로 운영하고 혹 걸려도 돈을 들여 빠져나간다. 그러면 몇 년은 그냥 간다. 그래서 원장들은 창피는 잠시지만 돈은 영원하다고 여긴다.

둘째, 설령 경찰 수사로 3년, 5년 치가 적발되어도 그중에서 국고보조금을 횡령한 건만 처벌받고 나머지 운영비에 해당하는 공금 횡령은 처벌받지 않게 손을 쓰면 되므로 그다지 큰 문제가 되지 않는다고 여긴다.

셋째, 횡령 금액이 크면 클수록 칼자루는 어린이집 원장이 쥐고 칼날은 공무원이 쥐게 되어 있는 구조다. 그래서 "도대체 3년씩 5년씩 지도점검할 때 적발 못하고 뭐했는가?"라는 문책이 두려운 공무원이 알아서 변명하고 알아서 축소하여 적당한 선에서 마무리해준다. 그러면 수고했다고 몇 푼 집어주면 된다.

넷째, 그동안 구의원, 시의원, 국회의원한테 공들이고 돈 들인 세월이 얼마인가. 군데군데 지인을 찾아 다 연결 연결하여 돈 몇 푼 찔러 넣어주면 이 꼴 저 꼴 안 보고 유야무야되도록 해준다. 표가 필요한 자들을 방패막이로 삼는 것이다.

다섯째, 그도 저도 안 되면 처벌 내용이 다 결정된 뒤 내라는 돈이나 게워내고 시설 정지든 시설 폐쇄든 행정처분도 돈으로 해결하면 된다. 그래서 대다수 원장들은 '돈으로 해결 안 될 일이 어디 있는가' 라는 배짱 좋은 생각을 하고 있다.

여섯째, 처벌이 내려질 때까지 시간이 충분하니 그사이에 이러한 사실을 숨기고 퇴직금으로 마땅한 창업 거리를 찾는 이들에게 접근하여 권리금을 받고 어린이집을 넘긴다. 그리고 권리금 가운데 일부 금액으로 횡령 처벌받은 벌금을 치른다. 그러면 어린이집 매매가액은 건질 수 있다. 그런 다음 타인 이름을 빌려 다른 지역에 가서 어린이집을 하든지 권리금을 주고 급매물 어린이집을 인수하면 된다.

이런 그릇된 인식으로 가득 차 있기에 원장들은 모순된 제도를 개선하고 현실과 맞지 않은 법을 개정하는 데 우호적이지 않다. 실제로 제도를 바꾸면 당장 내 주머니에 들어오는 돈이 줄어드는데 그걸 좋아할 원장은 단 한 명도 없다. 저출산으로 원아가 현격하게 줄어든 지역의 어린이집과 원아 감소로 적자를 몇 년째 감수하고 있는 돈 없고 힘없는 어린이집의 원장들이나 협조적일 뿐, 원아가 넘치고 대기자가 넘치는 어린이집 원장은 제도를 개선하고 구조적인 모순을 바로잡겠다는 사람들을 비웃고 조롱하고 손가락질한다. 그렇게 벌써 20년의 세월이 흘렀지만 변한 건 별로 없다.

어린이집만 하면서 재산을 증식하는 지인들을 보면서 재주도 용하고 수완이 좋다고 부러워한 사람도 있을 것이다. '어쩌다 아내 복을 저렇게 타고나 아파트 사고 건물 사고 논과 밭 사고 골프 회원권도 사고 자녀 유학까지 보내는가?' 하며 부러워했을 남편들도 많을 것이다.

부러워 마라. 도둑질한 돈으로 모은 재산은 어느 날 바람처럼 다 날아가버릴 것이다. 자금 추적 나오니 차명으로 등기했다가 차명자가 자기 재산이라고 우기는 바람에 절반씩 나눠 가지는 것으로 합의 봐서 재산 절반이 날아간 경우도 있고, 차명자가 오히려 공갈 협박하여 아파트 한 채 넘겨주는 것으로 무마한 사례도 많다.

더러는 그렇게 온 동네 얼굴 팔아가며, 웃음 팔아가며 도둑질한 돈을 자녀들이 사업한다고 한순간에 몇억 원씩 날리는 경우도 허다하다. 자업자득이다.

아무리 돈이 좋더라도 제도를 개선하여 하루를 살아도 사람답게 살아야 하건만 그들은 아이들 먹을 것 안 먹이고 아이들한테 제공해야 할 것 제공하지 않고 빼돌린 돈으로 호의호식하고 있다. 이렇게 더럽게 얻은 영화가 얼마나 오래가겠는가.

30 네가 어떻게 먹고사는지
내가 알고 있다?

어린이집 원장이 제일 겁내는 사람은 다른 어린이집 원장이다. 어린이집이 어떤 구조로 굴러가는지 누구보다 잘 알기 때문이다. 그렇다 보니 "너, 내 말 안 들으면 구청에 찔러버린다"라는 공갈 협박이 쉽게 먹힌다. 그러면 노예처럼 시키는 대로 할 수밖에 없다. 어린이집 운영 구조는 거기서 거기니 감출 재간이 없다.

다른 어린이집 원장만큼 무서운 존재가 있으니 바로 교재교구상이다. 한 5년 정도 거래한 어린이집을 손도 안 대고 꿀꺽한 교재교구상이 있다. 그가 지금은 원장이고 그 지역 유지다.

처음에 그 교재교구상은 어린이집의 실정을 잘 몰랐다. 물건을 납품하게 해주는 어린이집들이 고맙기만 했다. 또한 그저 할머니 원장님이 형편이 어렵다고 하니 교재·교구를 거래하면서 입금한 금액의 절반을, 어떤 품목은 30퍼센트를 현금으로 찾아서 다음 물건을 넣을 때 갔다 드리곤 했다. 그렇게 거래를 오래하다 보니 이 할머니 원장이 그를 아들처럼 여기게 되어 어린이집 운영과 관련된 은밀한 이야기를 다 해주었다.

이 교재교구상은 할머니 원장을 통해 들은 이야기 덕분에 어린이집 운영에 대해 빠삭해졌다. 그렇다 보니 요령이 생겨서 어린이집마다 영업을 할 때 서류는 원래 금액으로 만들어주고 대신 현금으로 돌려드리겠노라 하니 어린이집 원장들이 앞다투어 거래를 트기 시작했다. 설마 훗날 그 교재교구상이 어린이집을 인수하여 자신들의 약점을 빌미로 돈을 뜯어갈 줄 꿈에도 생각을 못한 채 서로 공범이 되어 한 5년 잘 지냈다.

어느 날 그 할머니 원장은 나이도 있고 딱히 맡길 자식도 없다 보니 어린이집을 불법으로 매매하려고 이 교재교구상한테 부탁을 했다. 규모가 작은 어린이집 원장 중에서 물색을 해주었음 하고 부탁을 하니 교재교구상이 자신이 인수하겠다고 선뜻 나섰다. 그러나 그로 인해 할머니 원장의 비극이 시작되었다.

이 교재교구상은 그동안 할머니가 자신과 음성적인 거래를 한 사실을 구청에 고발하겠다고 협박했다. 할머니는 처음에 제시한 가격의 1/3만 계약금으로 받고 나머지 금액은 월 100만 원씩 5년간 받기로 하고 어린이집을 넘겼다. 3개월간은 100만 원씩 받았다. 그러나 그 후에는 이런저런 핑계를 대며 월 100만 원씩 주기로 한 돈을 주지 않았다. 장사하는 집에 재수 없게 자꾸 찾아온다고 문전박대까지 했다.

결국 그 할머니는 매매하면 안 되는 어린이집을 불법 매매했다는 사실이 알려질까 봐, 그래서 그나마 받은 계약금마저 토해내야 할까 봐 그냥 눈을 뻔히 뜨고 어린이집을 강탈당했다.

그렇게 할머니 원장을 정리한 이 교재교구상은 자신과 거래한 원장들에게 접근하였다. 자신은 원장으로 이름을 올려놓았으나 여전히 어린이집을 상대로 교재교구 영업을 했다. 판매 금액과 실제 금액의 차액을 현금으로 돌려주는 짓도 계속하였다. 돈을 버는 것도 버는 거지만 그렇게 해야 어린이집의 약점을 잡을 수 있다는 생각에 원장들을 살살 꼬드기기까지 했다. 자기 아내는 보육교사로 올려놓고 사무실에서 원장 업무를 보게 했다. 그 탓에 다른 교사가 원장 아내가 보육해야 할 아이까지 합반하여 보육을 해야 했다.

그 후 이 장사꾼 원장은 지회장을 맡아 원장들에게 이런저런 이유로 돈을 걷기 시작했다. 구청에 인사를 해야 한다, 구의회·시의회에 인사를 해야 한다, 지역 국회의원에게 인사를 해야 한다 등등 명목을 만들어 돈을 걷어가기 시작했다. 물론 이런 돈은 근거를 남기면 안 된다고, 현금으로 주었다고 말하면 끝이었다. 실제 구청 담당자가 받았는지, 구의장·시의장이 받았는지, 국회의원이 받았는지 그건 그들끼리만 아는 사실이다.

어린이집에서는 회계 장난으로 돈을 챙기고, 상근해야 하는 원장이 밖으로 돌면서 교재교구 영업을 하고, 약점을 틀어쥔 원장들한테 돈을 뜯어 인사치레 행사에 참석하고 화환 보내고 부조하고 명절마다 선물 챙기며 자신의 입지를 굳혔다. 그러다 보니 지도점검을 막아주는 영향력 있는 인사로 우뚝 섰다. 이제는 자신의 말을 안 듣는 어린이집에 지도점검을 나가도록 해 혼을 내줄 수 있는 무시무시한 존재가 되었다. 돈을 먹은 담당자들이 다른 곳으로 발령이 나도 후임자에게 소개를 해주니 계속 영향력을 행사할 수 있었다.

실정이 이렇다 보니 배우자가 사별하고 혼자 어린이집을 운영하는 원장들은 이 장사꾼 원장을 의지하게 되었다. 부탁할 일만 있으면 고급 술집으로 불러내어 양주를 대접한 후 준비해 간 봉투를 주면서 관계를 맺었다.

이제 세월이 흘러 그 장사꾼 원장은 완벽하게 신분 세탁을 하여 우리나라보다 못사는 나라에 우물도 파주고 어린이집도 지어주는 훌륭한 분으로 변신했다. 물론 그 돈은 자신의 돈이 아닌 다른 사람의 호주머니에서 나온 돈이다. 교재교구를 거래하면서 약점 잡힌 원장들이 솔선수범해서 걷어준 돈과 단체의 임원을 맡으면서 빼돌린 회비로 충당한다.

이 어린이집은 지도점검을 받아도 걸리는 게 없다. 원장이 영업을 한다고 상근하지 않고 밖으로만 다녀도 걸린 사실이 없다. 지역의 각종 행사는 다 다니고 강의 다니고 임원을 해도 지도점검에서 지적받은 적이 한 번도 없다.

보육교사인 아내가 사무실에서 원장을 하고 있고 보육은 하지 않는데, 합반하여 다른 교사가 혼자서 다 돌보고 있고 그저 보육일지에 도장만 찍는데도 평가인증은 무사통과했다. 원장으로서 근무는 하지 않고 영업을 하고 다니는 일보다, 아내를 보육교사로 등록하고 남편 대신 원장 일을 보게 하며 교사한테 합반시켜 보육하게 하는 일보다 더 큰 범죄는 매매가 불가능한 사회복지법인 어린이집을 불법 매매한 사실이다.

어린이집에 교구와 교재를 팔러 다니던 업자가 사회복지법인 어린이집을 불법으로 매매하여 운영하고 있는데도 왜 관할 구청 담당자가 묵인을 하는지 궁금하다. 서류만 보면 불법으로 사서 운영하고 있는 것을 알 수 있을 텐데 말이다. 또 이러한 사실을 왜 경찰에 고발하지 않는지도 궁금하다.

이렇듯 곁에서 보면 누구나 알 수 있는 부정과 비리도 담당 공무원이 묵인하거나 봐주려고 들면 아무 탈 없이 넘어가는 것이고 담당 공무원이 처분을 내리면 경찰에 고발당해 벌을 받는 것이다. 이러한 사례를 보면서 어린이집 원장들은 담당 공무원들하고 관계를 잘 맺는 것만이 살길이라고 배우게 되는 것이다. 그리하여 정상적인 방법으로 제도를 개선하거나 하는 일에는 시큰둥한 반응을 보인다.

31 어린이집 권리금은
학부모 지갑에서 나간다

아이를 아파트 단지 내 어린이집에 보낼 때는 원장이 자주 바뀌지 않는지 유심히 살펴봐야 한다. 원장이 자주 바뀐다면 단순히 채용된 원장이 교체되는 게 아니라 아파트 단지 내 어린이집 운영권에 권리금이 붙어 있어 어린이집 운영권 자체가 넘어가는 것이다.

SBS CNBC에서는 "아파트 어린이집, 어른들 '검은 거래'에 보육은 '저질화'"라는 기사로 아파트 단지 내 어린이집의 운영권이 어떤 식으로 넘어가는지 고발한 바 있다.

실제로 원장이 자주 바뀌면 어린이집에 아이를 보내는 학부모로서는 불안할 수밖에 없다. 그래서 "아이가 이제 겨우 어린이집에 적응했는데 갑자기 원장 선생님이 바뀌면 어떻게 하느냐?"고 항의해도 입주자 대표는 "대표회의에서 알아서 할 일을 왜 입주민이 따지느냐?"고 막무가내로 나온다.

아파트 내 1층에 설치한 어린이집의 임대차 계약이 끝날 때마다 입주자 대표가 강제퇴거 명령을 내려 원장이 수시로 바뀌는 곳도 많다. 아이를 맡기는 부모들이 불안한 마음에 구청장, 권익위원, 여성가족부, 보건복지부 등에 민원을 제기해도 "아파트 자체 규약이 있어 관여할 수 없다"는 대답만 돌아온다.

300세대 이상 아파트에 의무적으로 설치하게 돼 있는 관리동 어린이집은 아파트 입주자 대표가 주민을 대표해 운영할 원장을 정하고 임대차계약을 체결한다. 다만 보육의 질을 확보하기 위해 주요 사안이 있을 때 학부모의 동의를 얻도록 하고 있다. 그러나 그런 일은 거의 없다. 상당수 입주자 대표는 이를 무시하고 일방적으로 최고가 경쟁입찰로 새 운영자를 선정한다. 입주자 대표들은 경쟁입찰을 통해 선정하고 있어 문제가 없다고 주장하지만, 이렇게 입주자 대표가 전횡을 휘두르지 못하도록 관할 구청이나 시청, 보건복지부가 제재를 가해야 한다. 그런 관리감독을 하지 않을 것이라면 관공서가 존재할 이유가 없다.

입주자 대표들은 "입찰을 통해 모든 사람에게 공정한 기회를 부여한다"고 주장하지만, 한 번 입찰된 사람을 1년 단위로 교체하는 것은 공정한 기회나 형평성과는 거리가 먼 이야기다.

현재 구립·시립 어린이집도 원장을 선정해서 위탁 경영을 하는데, 3년이던 운영 기간을 5년으로 연장했다. 오로지 아이들을 위해서다. 위탁 운영 기간이 짧으면 아이들이 불안해할 수 있고 원을 안정적으로 운영하려면 최소 5년은 필요하다는 판단에 따라 기간을 연장한 것이다. 아이들 보육을 최우선으로 고려한다면 '형평성'이니 '공정한 기회' 운운하며 운영자를 해마다 갈아치워서는 안 된다.

이렇게 아파트 관리동 어린이집 운영자 선정 과정에서 브로커가 개입해 운영권을 딴 뒤 권리금을 붙여 되팔고 있다는 의혹도 있다. 실제로 수많은 어린이집 매매 관련 사이트에서는 어린이집을 낙찰 받은 브로커들이 1억 원이 넘는 권리금을 얹어 어린이집을 넘길 원장을 찾고 있다. 브로커들이 입주자 대표의 도움 없이 이런 일을 할 수 있다고 믿을 사람은 없다. 정보 자체를 모르는데 어찌 브로커 혼자 가능하겠는가?

또 입주자 대표가 입찰을 하고 계약이 이루어져도 뒷거래로 받는 권리금은 공고를 하지 않는다. 어린이집은 매매 자체가 불법인데, 권리금을 주고받는다니 절대 용납해서는 안 될 일이다.

전에는 주공아파트의 경우 단지 내에는 구립 어린이집만 들어설 수 있었다. 또 민간 업체가 아파트를 지으면 어린이집은 개인한테 분양했다. 그러나 몇 년 전부터 어린이집을 개인에게 분양하거나 구립으로 하지 않고 아파트 입주자대표협의회에서 관리, 자체 입찰한다.

어린이집 입찰금과 권리금은 아파트 입주자대표협의회의 중요한 수익원이다. 그렇다 보니 실제 운영할 원장이 입찰을 받는 것이 아니라 사전에 선정한 입찰자가 권리금을 붙여 어린이집을 넘긴다. 그리고 이 과정에서 사채업자를 낀 브로커가 나타났다.

이러한 입찰 부정으로 인한 비용은 고스란히 학부모 부담으로 전가된다. 최초 입찰자부터 최종 운영할 원장까지 서너 명의 손을 거치다 보니 그 과정에서 권리금은 적게는 1억 원에서 많게는 5억 원까지 눈덩이처럼 불어난다. 그리고 이렇게 늘어난 권리금은 특별활동비 같은 학부모 부담액으로 충당한다. 그렇게 해야만 원장이 지불한 억 단위의 권리금을 회수할 수 있기 때문이다.

Chapter 3

근절되지 않는
어린이집 부패의 고리들

어린이집의 현실을 알았으니 이제 영유아 부모들이 한목소리로 이렇게 외쳐야 한다. "비정상을 정상화하자. 원점에서부터 재검토하자"고 말이다. 비정상적인 상태가 너무 오래 지속되어왔다. 어린이집의 90퍼센트 이상이 비리의 늪에 빠져 있는 것은 지독한 비정상이다. 비리를 저지르지 않으면 생존할 수 없는 상황은 분명히 비정상이다. 이 비정상을 정상으로 돌려놓아야 한다. 양심적으로 법에 따라 운영을 하더라도 정상적으로 생활할 수 있는 구조를 만들자.

32 하나 마나 한
어린이집 지도점검

18년 전이나 지금이나 어린이집 담당 공무원이 지도점검을 하는 방식은 똑같다. 해당 지역 구청에서 한 명이 나올 때도 있고 다른 과 직원하고 2인 1조가 되어 나올 때도 있다. 지도점검을 아무리 해봐야 아무것도 개선되지 않는데 도대체 왜 하는 걸까? 그렇게 상반기 1회, 하반기 1회 정기 지도점검을 하고, 특별 지도점검, 수시교차 지도점검까지 하는데 어린이집 회계 부정 비리는 왜 아직도 없어지지 않는 걸까?

지도점검에는 크게 두 가지 유형이 있다. 평소 친분이 있거나 안면이 있는 어린이집은 방문으로 끝나는 '망원경식 지도점검'을 하고, 유독 입바른 소리를 잘하고 제도를 고치라고 요구하는 어린이집은 먼지가 나올 때까지 터는 '현미경식 지도점검'을 한다. 여기서는 망원경식 지도점검이 어떻게 이루어지는지 사례를 들어 살펴보자.

사례 1

보육통합정보시스템이 생기기 전에 있었던 일이다.

"오늘 지도점검 온다" 하고 원장이 아침부터 호들갑을 떤다. 이번에 오는 담당자는 자기 시아주버님 동창이란다.

담당 선생은 '정원 외 더 모집한 원아들이 있는 반은 초과 인원을 숨겨야 하지 않을까?' 하고 걱정한다. 보조 교사로 있는 선생은 더 벌벌 떤다. 그렇지만 위풍당당한 원장은 아무 걱정 말고 보육하라고 한다.

오전 10시 30분, 지도점검 하러 구청 직원이 와서는 현관에서 원아들 신발을 센다.

"아이고, 아이들이 많네요."

큰 목소리가 현관에서 들려온다.

"점심이나 먹으러 갑시다."

핸드백을 든 원장이 이렇게 말하고는 구청 담당자와 함께 밖으로 나간다.

오후 2시, 원장이 얼굴 가득 미소를 머금고 원으로 돌아온다. '나 이런 사람이야' 하는 으쓱함이 얼굴빛에 묻어난다.

"원장님, 혼자 오셨어요?"

"응, 구청 직원 갔어. 알아서 잘하겠지. 도장만 찍어줬어."

지도점검 받았다는 확인서에 도장을 찍었다는 말이다. 그러고는 원장은 계속해서 떠든다.

"이래서 안 돼, 공무원들이 썩었어. 완전히 썩었어. 봉투 주니 헤벌쭉해가지고……."

봉투를 주었다고 당당히 말한다. 지도점검을 나온 공무원은 정원 이외에 추가로 받은 원아가 있는지 없는지 점검도 하지 않고, 자격증이 없는 보조 교사가 전담하고 있는 것은 아닌지 확인조차도 하지 않고 현관에서 원아 신발 숫자만 세고는 가버렸다. 그렇게 지도점검이 끝나버린 것이다.

이것이 18년 전부터 쭉 이어져온 구청 담당자의 어린이집 지도점검 풍경이다. 어린이집의 절반 정도가 이런 식의 지도점검을 받는다. 그나마 이건 양반이고, 1퍼센트에 드는 어린이집은 3년이고 5년이고 아예 지도점검 자체를 받아본 일이 없다.

사례 2

한여름 지도점검 사례다.

오전 10시 30분경, 어린이집 복도에서 이런 소리가 들린다.

"으요, 나 왔다."

이 어린이집에는 구청 여자 계장이 지도점검을 나왔다. '으요, 나 왔다'는 복도에 들어오면서 원장을 부르는 소리다. 그러면 원장은 어린이집 지도점검을 나온 담당 공무원을 맞이하는 게 아니라 자기 계원을 맞이하는 양, 말을 튼다.

"일찍 나왔네. 오후에 온다카디만."

"샤워나 하고 한숨 자려고 나왔다."

지도점검을 하러 나온 여자 계장은 2층 원장 집으로 올라간다. 자연스럽게 샤워를 하고 방 하나 차지한 채 낮잠을 잔다. 시골에서 과수원을 하는 원장의 신랑은 계장한테 받은 자동차 키로 뒤 트렁크와 뒷좌석에 포도 5상자를 실어놓는다.

오후 1시 30분경, 원장이 여자 계장을 깨운다. 머리맡에는 점 심상이 놓여 있다.

"날도 더운데 안 먹고 잠만 자면 지친다. 쫌 묵고 자라."

어린이집 원장과 구청 계장의 친밀함이 눈물겨울 정도다. 지도 점검이 이런 식으로 이루어질 거라고 과연 누가 상상이나 할까? 이 건 실제 이 어린이집에서 5년 이상 근무한 교사들 입에서 나온 증 언을 토대로 한 사례다. 지도점검이랍시고 달랑 어린이집 한 군데 방문해서는 샤워하고 낮잠 퍼질러 자고 포도 상자 가득 싣고 관공 서로 향한 그 계장은 아무런 처벌도 받지 않았다. 오히려 이러한 사실을 털어놓은 어린이집 교사만 해고됐다.

구청에다 지도점검을 맡겨놓으니 비리가 근절되지 않는다고 여 겼는지 참여정부 시절부터는 시청(도청)에서 특별이라는 단어를 붙 여 지도점검을 왔다. 시청 담당자 2인 또는 3인이 어린이집 지도점 검을 나왔다. 그러나 지도점검을 나오기 전 이미 "○○어린이집 내 가 아는 어린이집이야" 하고 높으신 분들한테 전화를 받다 보니 결국 시늉만 하는 지도점검이 된다.

사례 3

사무실에서 원장과 같이 앉아 묻는다.

"원아 수 맞지요?"

"예."

"허위 교사 없지요?"

"예."

"출근 제때제때 하지요?"

"예."

그렇게 질문 몇 가지 하고는 통장을 대충 훑어본 뒤 금전출납부도 한번 쓱 보고 지출결의서, 수입결의서 몇 장 들추고 교실로 간다. 뒷짐 지고 교실 너머 창문으로 들여다본다.

이게 전부다. 현장체험학습 갔다 와 남은 김밥으로 죽을 끓여 야채죽이라고 주어도, 사과를 8등분하여 간식이라고 주어도, 교사는 말할 엄두도 못 낸다. 통장으로 받은 급여를 절반을 찾아 다시 원장에게 돌려주어도 "이 원장님이 이렇게 했어요" 하고 말할 엄두도 못 낸다. 자신의 호봉이 20호봉인데 5호봉 월급만 받고 있다고 호소할 기회조차도 없다.

원장실에서 공무원이 입에 착 맞는 샌드위치 먹고 '고양이 똥 커피'를 마시며 하하 호호 웃는 소리가 들리는데 어떤 교사가 "여긴 이런 문제가 있어요"라고 말할 수 있겠는가? 지도점검을 오는 관공서 공무원이 원장 편이지 교사 편이 아니라는 인식도 한몫을 하지만 교실에서 보육해야 하는 교사 입장에서는 공무원이 교실로 들어오지 않는 한 아이들만 남겨두고 원장실로 공무원을 만나러 갈 용기는 못 낸다.

더구나 구청에든 시청에든 용기를 내어 신고해도 "증거 있느냐?"고 오히려 교사를 다그친다. "증거는 없다"고 하면 "죄 없는 원장을 곤경에 빠뜨렸으니 다른 곳에서도 일하지 못하게 할 것이다"라고 협박을 한다. 이게 다가 아니다. 신고한 교사의 신상을 그 원장에게 알려주고 그 원장은 그 지역 원장들한테 이 교사를 채용하지 말라고 문자를 돌린다. 이런 현실을 잘 아는 교사들은 아예 신고할 엄두도 못 낸다.

사례 4

지금처럼 전 계층 무상 보육을 실시하기 전에 일이다.

모 지역 시청 어린이집 담당 공무원의 자녀가 법인 어린이집에 다녔다. 분명 자녀 보육료가 나올 텐데 무슨 일인지 이 공무원의 자녀는 보육료를 내지 않고 다녔다. 입학금, 현장체험학습비, 연간 교재비, 재롱잔치비, 기타 경비 등등 부모가 부담해야 하는 비용을 일절 내지 않고 공짜로 다닌 것이다. 그뿐 아니라 자신의 친구 자녀까지 공짜로 다녔다. 분명 시청이든 구청이든 지도점검은 상반기 1회, 하반기 1회 정기적으로 있었을 텐데 무사히 안 걸리고 넘어갔다.

그러던 어느 날 그 어린이집이 수시교차 지도점검에서 적발되었다. 타도 담당자가 나온 지도점검에서 정원 외 초과 원아 문제로 그 공무원과 그 공무원 친구 자녀가 적발된 것이다. 그 어린이집 원장은 정원이 다 찼음에도 시청 어린이집 담당 공무원의 청을 거절할 수 없어 정원 외로 등원을 시키고 비용도 받지 않은 것이었다.

시청 어린이집 담당자 자녀하고 그 친구 자녀 보육료와 학부모 자부담 비용을 합치면 약 100만 원이 훌쩍 넘는데, 그게 1년이면 1200만 원이요, 3년이면 3600만 원이다.

그러나 정원 외 초과 원아 모집 적발 건은 없던 일로 정리되었다. 만약 시청 공무원의 자녀가 아니고 교사의 자녀거나 원장의 자녀거나 일반 부모의 자녀였다면? 어린이집 몇 개월 정지에, 원장 자격 정지 그 이상의 처벌이 내려질 상황이다. 끼리끼리 봐줬다. 이게 그동안 이루어진 어린이집 지도점검의 실태다.

33 "지도점검 적발? 별거 아니야."

시청(도청) 지도점검에 어린이집 비리가 적발되어도 담당자가 관공서로 돌아가기 전에 벌써 영향력 있는 이들의 전화가 간다.

"오늘 ○○어린이집 지도점검 갔다면서? 내 조카 집인데(또는 '내 친구 집인데', '내가 신세를 많이 진 집인데')……."

그러면 상황은 종료된다. 중소도시나 농어촌 지역은 더 심하다. 한 집 건너 다 아는 사람이다 보니 웬만한 비리로는 처벌도 못 내린다. 김대중 정부 때부터 최근 몇 년 전까지만 해도 누구 전화 한 통만 가면 적발된 어린이집에 행정처분이 내려지는 일은 없었다.

지도점검 후 한 달 정도 시간이 흐른 뒤에는 저녁 식사 자리가 만들어진다. 중간 역할을 한 사람이 주선하고 원장이 저녁 식사비를 계산한다. 적발된 일을 없던 일로 하는 혜택을 받은 원장이 시청(도청) 어린이집 해당 부서 직원 전체에게 식사를 대접하는 자리다. 그때 끊은 영수증은 어린이집 교사 회식비 영수증으로 둔갑한다. 그 영수증에 찍힌 시간은 어린이집 교사들이 퇴근한 시간과 절묘하게 들어맞는다. 또 미리 주유상품권이나 백화점상품권도 사가지고 간다. 공무원들은 상품권 중에서도 주유상품권을 좋아한다. 물론 이 상품권도 어린이집 운영비로 산다. 다만 상품권을 수령한 사람이 교사들이 되는 것이고 운영위원들한테 선물로 준 것으로 지출명세서 비고란에 써넣는다. 비고란에 쓰여 있는 글을 보고 일일이 전화해서 확인하지 않는다는 점을 이용하는 것이다.

국고보조금 횡령으로 처벌이 떨어지면 지금까지 빼돌린 돈을 다 게워내야 하고 시설 정지 또는 폐쇄에 원장 자격까지 정지되니 원장은 현찰 몇백만 원은 아낌없이 쓴다.

한겨울에 아이를 옷을 벗겨 어린이집 베란다에 내보낸 장면을 찍은 사진 한 장이 인터넷을 뜨겁게 달군 적이 있다. 사고사라는 아이의 시신에 매 맞은 흔적이 있어 부모가 애끓는 호소문을 써 인터넷에 올렸고, 그것이 많은 이들의 공분을 일으킨 적도 있다. 이렇게 지도점검을 하고 평가인증을 해도 어린이집 비리 문제는 잊을 만하면 기사로 나오고 뉴스에 방송된다.

근본 문제를 찾아서 해결하려고 노력하기보다는 사건이 터지면 축소, 은폐하는 데 급급하다 보니 근본 해결이 안 된다. 같은 공무원끼리도 어린이집 담당 공무원은 서로 못 믿는다. 구청(군청)도 못 믿고 시청(도청)도 못 믿고 보건복지부가 직접 특별지도점검을 나선다.

그러나 보건복지부 지도점검은 시작만 요란하다. 해당 지역에 특별단속 나간다고 미리 알린다. 그러면 시청(도청)은 해당 어린이집연합회로 전화를 해서는 보건복지부 특별단속이 있을 예정이니 특별단속에 무난히 넘어갈, 지도점검을 받아도 아무 문제가 생기지 않을 만한 어린이집 명단을 달라고 한다. 대놓고 점검에 안 걸릴 어린이집 명단을 달라고 하지는 않지만 사전 조율을 거친다. 회계 장난 덜 하는 어린이집 명단이 넘어간다. 비교적 자기 개인 자본을 안 넣고 위탁받은 구립·시립 어린이집이 절반 이상 들어간다. 법인·민간·가정·직장 어린이집은 적당한 비율로 구색을 맞춘다. 원아들이 많아서 적자를 보지 않는 어린이집으로 명단을 작성하고 사전에 맞춘 어린이집이라 적당한 선에서 특별단속은 마무리된다.

사례 1

어린이집 원아들이 집단 식중독에 걸리거나, 장염, 이질 등에 걸렸다는 기사가 떠서 국민 관심이 어린이집에 쏠리면 통보 없이 보건복지부가 암행 지도점검을 나선다. 무작위로 역에서 가까운 지역의 어린이집을 들어간다. 그런 과정에서 허위 교사, 허위 아동, 과다 지출, 현금으로 돌려받기 등 어린이집의 구조를 고치지 않는 한 근절되지 않는 회계 부정이 적발되었다. 그러나 그 어린이집은 아무런 행정처분을 받지 않았다. 그 어린이집 원장이 지역 유지고 평소 관하고 관계가 돈독하다 보니 구청(군청), 시청(도청) 담당자들이 알아서 보건복지부 공무원한테 선처를 구했다. 공로가 많니, 기여가 많니 하면서 알아서 덮어 줬다. 그 어린이집 원장을 코너에 몰고 가면 오히려 역효과가 생기기 때문이다. 원장이 나발을 불면 그동안에 대접 잘 받은 공무원이 다치기 때문이다. 역시 비리를 저질러도 처벌을 받지 않으려면 평소 관하고 잘 지내고 공무원의 약점을 틀어쥐고 있어야 한다는 교훈을 남긴 사례다.

사례 2

또 한 번은 중앙주무부처 직원이 역에서 내려 관할 구청이나 시청에 들르지 않고 무작위로 한 어린이집에 들어갔다. 불시에 들이닥쳐 지도점검을 한 것이다. 허위 교사도 있고 허위 아동도 있고 정원을 넘겨 더 많이 받은 아동도 있고 원장은 출근조차 하지 않았다. 뒤늦게 달려온 원장은 이미 원감을 통해 확인된 지적 사항에 사인을 받았다. 지적 사항을 들고 시청을 찾은 공무원은 구청 담당자를 불러들였다. 구청이든 시청이든 담당자들은 "자신들이 지도점검을 할 때는 허위 교사도 없었고 허위 아동도 없었고 원장은 근무하고 있었다"고 주장했다. 오히려 "왜 사전 통보도 없이 불시에 어린이집을 방문했느냐"는 원망과 "구청·시청을 핫바지로 보는 거냐"는 항변 아닌 항변을 하며 더 큰소리쳤다.

중앙부처 공무원은 어린이집에 3개월 정지 처분을 내리라고 지시하고 서울로 갔다. 그러자 어린이집 정지 처분을 받은 원장보다 3개월 동안 아이들을 보낼 다른 어린이집을 찾지 못한 구청이 더 애가 타는 신세가 되어버렸다. 약 120명의 원아를 한꺼번에 수용할 어린이집도 없고 아이들을 분산해서 여러 군데 어린이집으로 나눠 보내는 것도 여의치 않았다. 이런 방안도 저런 방도도 없는 상태에서 그냥 그 어린이집은 계속 운영을 하고 서류상으로만 시설 정지로 처리하여 보조금만 3개월 중단하는 선에서 마무리를 하였다.

실제로 허위 사실이 드러나 처분을 하여도 잉여 어린이집이 없는 현실에서는 그냥 원을 운영하게 하고 인건비와 보육료 지원을 중단하는 선에서 마무리 짓도 일도 비일비재하다. 막상 아이들이 갈 어린이집이 없기 때문이다. 그렇다 보니 교사도 그냥 그대로 근무하고 원아들도 그대로 다닌다. 다만 교사 인건비 지원이 중단되니 그 금액을 뺀 나머지만 급여로 지급하고 보육료 지원도 중단되니 부모에게 받는 필요경비로 근근이 운영하며 3개월 정지 세월을 보낼 뿐이다.

부모들은 그 어린이집이 3개월 정지 먹은 곳이라는 사실조차도 모른다. 또 다른 어린이집도 그 어린이집이 3개월 시설 정지 상태에서 여전히 원아를 등원시키고 보육한다는 사실을 알 수 없다.

사례 3

건강을 위한 등산, 참 좋은 취미다. 어린이집 원장도 등산 좋아할 수 있다. 그러나 어린이집 원장에게는 등산이 취미가 아니라 지도점검을 피하기 위한 필수 코스였다.

참여정부 시절, 어린이집 원장들은 일요일 하루도 변변히 쉬지 못하고 일요 등산을 해야 했고 등산 후 노래방에서 박수를 쳐야 했다. 원장들은 모두 산악회에 가입하고 정치인들을 따라 산에 올랐다. 어떤 원장은 이런 고백을 했다.

"일요일만이라도 쉬고 싶어요. 등산만 하고 노래방은 안 갔으면 좋겠어요. 탬버린 흔들고 춤추고 하다 보면 '내가 이 짓까지 하면서 어린이집 해야 하나?' 자괴감이 들어요."

하지만 보통 단체의 임원은 회장, 부회장, 총무, 서기, 회계, 감사 등 5~6명인데 혼자 빠지면 그 순간부터 왕따가 되는지라 꾸역꾸역 갔다고 한다. 왜? 지도점검 대상에서 빼준다고 하니깐. 한동안 임원을 하면 그 임원 임기 동안에는 지도점검을 받지 않던 시절이 있었다. 그리하여 서로 임원을 하려고 난투극을 벌인 적도 많았다. 임원 임기 동안 지도점검을 받지 않으면 한밑천 챙길 수 있었기 때문이다.

또 각종 구·시 행사에 머릿수 채우는 일도 부지런히 했다. 선거철 표를 가져와야 하는 어린이집 담당 공무원에게 각 지역 어린이집연합회 지회장은 구세주다. 임원들도 이런 일을 하는 이유가 있다. 그렇게 협조를 하면 담당 공무원이 지도점검도 막아주고 설령 처분이 떨어져도 무마해주는 역할을 해주기 때문이다.

관청에서 행사 규모와 동원해야 할 참석 인원을 알려주면 지회장이 알아서 원장들로 빼곡히 채웠다. 이때 행사에 참석하지 않으려는 원장들에게는 이렇게 말한다. "참석 어린이집은 이번 지도점검 대상에서 빼준답니다." "이번 교재교구비 예산 확보해준다는데 우리도 성의를 보여야 합니다." "이번에 교사처우개선비 8만 원에서 12만 원으로 인상하라고 요청해야 하는데 이 정도는 뒷받침해 줘야지요." 지도점검에서 제외해준다는 말을 듣고도 행사에 참석하지 않을 어린이집 원장은 없다. 또 담당 공무원한테 눈도장 찍고 싶어 원장들도 자발적으로 참석한다. 행사든 모임이든 참석하여 자꾸 안면을 익혀야 한다는 생각이 지배적이었다.

모든 행사를 마치면 인원 동원에 가장 큰 공헌을 한 임원들의 어린이집 이름이 담당자 손에 전달되었고 그런 어린이집은 지도점검에서 제외되었다. 물론 너무 표가 나면 안 되니 지도점검을 나가기도 한다. 그러나 나가도 커피나 한잔 마시고 이런저런 세상 사는 이야기나 조금 하다가 간다. 그 어린이집 안에서 어떤 일이 벌어지든 이러한 지도점검에선 아무것도 점검하지 못 한다. 안 한다.

이렇게 흘러온 세월이 약 20여 년이다. 특정 지역에 국한된 것이 아니고 전국 16개 시도(지금은 세종시가 추가되어 17개 시도), 230여 시구군 지도점검의 형태가 다 이랬다. 이미 현직을 떠났거나 타 부처로 옮긴 전직 어린이집 담당 공무원들이 이 책을 읽는다면 이제라도 반성하길 바란다.

나는 이런 지도점검을 '널리리야 지도점검'이라고 부른다. 널리리야 하면서 돈만 챙긴 지도점검이니깐. 어린이집의 운영 구조를 너무도 잘 아는 담당자들이 문제를 해결하려는 의지가 없었다. 제도를 개선하고 법을 고쳐서라도 바로잡을 생각이 전혀 없었다. 그릇된 구조를 핑계 삼아 개인 용돈이나 챙기는 더럽고 비겁한 짓을 했다. 같은 처벌 사항도 이 어린이집은 봐주고 저 어린이집은 처벌하고 엿장수 맘대로 지도점검을 했다. 혼내주겠다고 마음을 먹으면 먼지라도 털어서 박살을 내고 한번 봐주겠다고 하면 그 어떤 백이 들어와도 처벌을 받지 않도록 막았다. 어린이집 상대로 담당 공무원들이 돈 몇 푼 받는 맛에, 밥 얻어먹는 재미에 영혼을 팔던 시절이 있었다.

특히 거대한 세력의 비호를 받는 어린이집은 아예 지도점검에서 열외되었고 설령 어린이집 비리가 적발되어도 중간에서 적발 자체가 없던 일이 되어 처분받지 않았다. 지도점검 받고 지회에 나와 원장은 분명히 이것도 걸리고 저것도 걸리고 큰일 났다고 울고불고 난리를 폈는데 어디선가 황금박쥐가 나타나 처벌의 근거가 되는 원인을 소멸시켜버린다. 그러면 원장은 시치미 뚝 떼고 지회에 나와 자신은 그런 말을 한 적 없다고 양심만 팔면 된다. 그러면 없던 일이 된다. 어린이집 원장들은 비리를 저질러놓고는 힘 있는 누군가를 찾아가 부탁하는 일을 참 쉽게 생각한다. 보통 일반적인 상식으로는 부끄러워서 숨어버릴 텐데 원장들은 오히려 방귀 좀 뀐다 하는 사람 다 찾아다니며 선처를 호소한다. 또 그런 게 먹힌다. 그렇다 보니 비리 저지르고 백 찾고 얼굴 한번 팔고 또 부정 저지르고 줄 찾고 얼굴 팔기를 반복한다. 그러다 보면 나중에는 양심이 무디어져 뭐가 부정인지, 비리인지 무덤덤해진다.

각종 비리로 적발되어 행정처분을 기다리는 어린이집이 빠져나갈 수 있도록 물심양면으로 도와주며 허세를 부린 구의원, 시의원들에게도 큰 책임이 있다. 어린이집이 각종 회계 비리, 먹을거리 부정 등으로 지도점검에서 적발되어 SOS를 치면 어린이집의 영유아들을 생각하기보다는 친분이나 이익에 눈이 어두워 물심양면으로 도와준 구의원, 시의원도 이 책을 읽으며 반성하길 바란다. 어쭙잖은 '나 이런 사람이야, 내가 해결해 줄게, 나만 믿어' 식의 허세가 약 20여 년 넘게 어린이집 비리를 근절하지 못하도록 가로막았다.

구의원이 생겨서 시의원이 생겨서 '이제는 어린이집 비리가 뿌리째 뽑히겠구나' 했는데 그건 오산이었다. 그들은 어린이집 비리에 대한 문제의식조차도 없었다. 어린이집 비리는 결코 단순한 비리가 아니다. 어린이집 비리는 말 못하는 영유아들에게 엄청난 피해를 준다. 이 사실 하나만 인식해도 어린이집 비리는 용납할 수 없다. 그런데도 개념이 없기는 구의원이나 시의원이나 마찬가지였다. 그저 원장들하고 시시덕거리고 술이나 먹고 노래나 부르고 표만 가져오면 된다는 식이었다. 그러면서도 항상 마이크를 잡으면 혼자만 이 땅의 아이들 위하는 듯 떠들곤 했다. 경멸한다.

지난 모 정권 때 연합회 회장 선거 지지호소에서 "내가 이○○ 국무총리한테 전화해서 '이번 보건복지부 특별단속 중단시켜 주세요' 했습니다. 해서 지도점검 중단되었지요. 여러분 보건복지부 지도점검 중단시킨 사람 누군지 아십니까? 바로 접니다", 이렇게 지도점검 막은 걸 치적으로 내세워 당선된 사례도 있다.

어린이집 비리에 대해 부모만 동동거리고 울분을 토할 뿐 결정권을 쥔 자들은 원장들이 전화하면 다 들어준다. 전화를 걸었든 만나서 요청을 했든 어린이집 지도점검을 하지 않게 해달라고 요청한 원장이나 그걸 듣고 중단시켜준 자들은 지난 세월을 참회하는 시간을 갖길 바란다. 이제는 현직을 떠났을 수도 있지만 눈감고 귀 닫고 침묵한 그 죄를 뉘우치고 어린이집 비리 근절을 위해 미력이나마 보태야 한다.

34 김치 뇌물 받고 눈감아주는 어린이집 담당자

다음은 모 지역의 구립 어린이집을 23년째 위탁받아 운영하고 회의 때마다 나와서 자랑하는 원장의 영웅담이다.

나는 새마을유아원부터 교사로 근무를 했다. 교사로 근무할 당시 원장님은 항상 김치를 담가서 구청 담당자 집에 가져다주는 심부름을 내게 시켰다. 퇴근 후 아파트 입구 경비실에 맡기기도 했고 어느 날 담당자를 만나면 집으로 올라가 저녁을 얻어먹기도 했다. 담당자가 바뀌어도 김치를 가져다주는 심부름은 중단되지 않았다.

그러다 새마을유아원이 어린이집으로 전환되었고 연세가 많으신 원장님은 그만두게 되어 새로 원장을 모집하게 되었다. 나는 그 구청 담당자를 찾아가서 원장을 하고 싶다고 했다. 그랬

더니 모 단체 회장의 추천서를 첨부해서 서류를 내라고 했다. 나는 그 단체 회장 집으로 남편과 같이 가서 봉투를 내밀고 추천서를 받았다. 그 추천서 덕분인지 난 구립 어린이집 원장으로 채용되었다.

한 달 후 나는 남편과 같이 그 단체 회장을 찾아가 내가 준 돈을 돌려달라고 했다. 만약 돌려주지 않으면 그 담당자와 회장을 고발하겠다고 했다. 겁을 집어먹은 회장은 돈을 돌려주었다. 나와 내 남편은 아직도 그 회장의 표정을 잊을 수가 없다.

난 심복 교사 한 명을 만들어 배운 대로 김치를 담가 구청 담당자에게 주게 했다. 취사부한테는 어려운 시설에 가져다주는 거라고 했다. 여자 담당자는 김치를 담가서 가져다주면 굉장히 좋아했다. 물론 남자가 담당자인 경우에도 그 배우자들이 좋아했다. 김치를 주는 나의 노력은 원장을 오래하는 데 큰 도움이 되었다.

그러던 어느 날 지회 회의를 가느라 원을 비운 날 뜨거운 국을 쏟아 어린이집 아이가 화상을 입었다. 아이의 부모는 행정청을 상대로 고소를 했다. 우여곡절 끝에 2000만 원을 배상하는 것으로 사건이 마무리되었다. 청에서는 난리가 났다. 내가 쫓겨날 위기에 처했다. 그러나 그동안 내 김치를 먹은 담당자들이 도와주어 나는 원장 자리에서 쫓겨나지 않았다. 대신 직영으로 운영되던 구립 어린이집이 위탁으로 전환되었다. 하여 원에서 아이가 상해를 입으면 원장이 책임을 진다는 계약서를 썼다.

구립 어린이집이 직영일 때는 원장의 재산 유무와 관계없이 사고에 대해 나라에서 배상을 해야 했는데 위탁으로 전환된 후에는 원장인 내가 내 재산으로 보상을 해야 했다. 행정청도 원장의 잘못으로 일어난 사고에 대해 국고로 보상을 해주다 보니 '어찌하면 개인에게 책임을 물게 할까?' 연구한 것이 개인이나 법인이나 단체에 위탁운영하는 것이었다.

나는 구청 담당자에게 김치를 가져다주는 일을 아직도 한다. 대신 퇴근길이나 출근길에 내가 직접 가져다준다. 취사부는 여전히 어려운 시설에 김치를 가져다주는 것으로 안다. 대신 취사부 입을 막기 위해 별도의 용돈을 준다.

구립 어린이집 위탁은 3년, 5년에 한 번씩 있다. 나는 그럴 때마다 내 밑에서 말을 잘 듣고 내가 시키는 걸 군말 없이 하는 교사를 원장으로 추천했다.

나는 오전 11시에 출근을 해도 구청에서 전화가 오면 "원장님 출근하셨다 잠깐 은행 가셨다"는 거짓말을 능수능란하게 하는 교사를 좋아했다. 그러곤 내게 연락해서 "어린이집인 척하고 구청에 전화하라"고 신속하게 전달하는 교사를 좋아했다. 내가 결근을 해도 출근부에 도장을 찍어놓고 원장은 출근한 걸로 운영일지를 적는 교사를 좋아했다. 그런 교사들을 구립 어린이집 원장으로 추천했다.

그러면 김치를 얻어먹은 담당자들은 나의 추천서가 있는 지원자로 선정해줬다. 나는 돈을 달라고 한 적이 없는데 그렇게 위탁자로 선정된 원장들은 내게 돈을 가져왔다. 그리고 1년에 두 번 있는 명절을 꼭 챙겼다. 나는 그들을 위해 한 가지 일을 더 했다. 국고가 입금된 통장만 지도점검 받게 하고 운영비가 입금된 통장은 지도점검 받지 않도록 했다. 그리고 지금도 나는 전임 담당자와 현 담당자에게 김치를 담가서 여전히 집으로 가져다준다.

5년에 한 번씩 위탁을 받아야 하는 구립 어린이집 원장들은 이런 일을 오고 가는 인정이라고 스스로 세뇌시키며 죄의식 없이 한다.

사회복지법인 어린이집이나 민간(가정) 어린이집 원장도 담당 공무원들한테 부식거리를 갖다 바친다. 시골에서 농사지은 쌀도 가져다주고 고구마, 감자도 가져다준다. 참기름도 짜다가 주고 깨소금, 고춧가루도 준다. 철이 되면 매실 엑기스를 만들어 가져다주기도 하고 양파를 가져다주는 일은 다반사다. 수박이든 포도든 복숭아든 과일을 가져다주는 것은 기본이다. 시집이든 친정이든 시골에서 농사짓는 걸 가져다주며 인심 내는 걸 탓하고 싶은 생각은 없다.

문제는 이런 경우에도 가짜 영수증을 붙여 어린이집 운영비를 지출한 것으로 처리해 돈을 인출하여 원장이 개인적으로 사용한다는 것이다. 쌀이든 과일이든 양념이든 얻어먹은 담당자는 지도점검을 하려고 어린이집에 가서는 통장과 세출 내역서를 일일이 대조해가며 제대로 점검하지 않는다.

35

월급보다 많은 용돈을 버는
어린이집 담당자의 비밀

원장들끼리 하는 말이 있다. 어린이집 담당자로 와서 만 1년도 못 채우고 다른 직으로 가는 공무원은 진짜 공무원이고 몇 년씩 눌러앉은 사람은 돈 맛을 아는 공무원이라고 한다.

어린이집은 지역마다 지회가 있고 시 연합회가 있고 전국총연합회가 있다. 구청이나 군청 담당자들은 자기 지역 지회장하고 친하다. 그럴 수밖에 없는 것이 담당자가 전체 어린이집에 연락할 필요 없이 지회장 한 명한테만 전달하면 다 전달이 되기 때문이다. 그렇다 보니 지회장들은 자기가 무슨 공무원인 줄 안다. 9급이나, 8급 담당자 밑의 하부 조직인 것처럼 완장질을 해대는데 아주 가관이다.

먼저 담당 부서 과장이나 국장이 발령 나서 오면 회비를 걷는다. 화분을 보내는 것은 기본이고 봉투에 돈을 담아 지회장이 들고 간다. 돈은 회원들한테 갹출한 돈인데 생색은 지회장이 다 낸다. 그때부터 숙직하면 숙직한다고 돈을 걷어간다. 휴가 가면 휴가 간다고 휴가비 명목으로 또 돈을 걷어간다. 담당자 부모님 생신부터 담당자 자녀 입학식, 졸업식 뭔 행사도 그렇게 많은지 돈 내는 일이 종갓집 제삿날보다 더 잦다.

2007년 때의 일이다. 정원이 몇 명인지 모르나 그 어린이집에 등원하는 영유아가 100여 명도 넘었다. 아침마다 어린이집 차량 3대로 실어 오는 아이들을 보면서 주변 어린이집 원장은 의아하게 생각했다. 2층인 그 어린이집은 실평수가 35평 남짓 되었기 때문이다. 육안으로 보는 평수대로라면 정원이 25명 정도 나오는 곳인데 차량 3대로 등원하는 아이들 숫자는 100여 명이 넘었다. 그러나 누구 하나 면적 대비 등원하는 아이가 많다고 신고하는 이는 없었다.

그런데 어린이집 담당자들이 인수인계를 하던 중 사달이 났다. 전임 담당자가 다른 곳으로 발령이 나서 떠났음에도 이 어린이집만 2년 가까이 계속 관리를 했다. 지도점검을 현 담당자가 나가야 하는데 전임 담당자가 계속 나갔다.

그러던 중 또다시 발령이 나서 현 담당자는 타 부서로 가고 또 다른 사람이 발령받아 왔다. 새로 온 담당자는 자기가 업무 담당자이니 자기가 관리하겠다고 전전임자에게 손을 떼라고 요구했다. 결국 전전임 담당자는 이 어린이집의 정원을 25명으로 낮추고 현 담당자에게 그 어린이집 관련 서류를 넘겨주었다. 25명밖에 정원이 안 나오는 공간에 그동안 100여 명이 넘는 영유아가 콩나물시루처럼 있었던 거였다. 창고와 다용도실을 고쳐서 교실을 만들어 놓고 100여 명의 원아를 받았던 것이다. 그러면서 초과 인원의 보육료를 원장하고 담당자하고 절반씩 나눠 가진 거였다.

지금으로부터 약 7년 전 일이니깐 원아 1인당 보육료를 15만 원이라고 계산하고 정원 초과 아동을 60명 정도로만 잡아도 900만 원의 부당이득을 얻은 셈이다. 그중 담당 공무원에게 돌아가는 몫은 절반인 450만 원이다. 월 450만 원씩 상납받는 그 공무원은 급여보다 많은 이 용돈을 다른 공무원에게 넘겨주고 싶지 않아서 2년 동안 지도점검을 별도로 맡은 거였다. 그러곤 담당자가 또 바뀌니까 어차피 내가 못 먹으니 너도 먹지 말라는 식으로 그제야 평수에 맞는 정상적인 정원을 배정했다. 이게 과연 이 지역 한 군데 어린이집에서만 일어난 특별한 일이었다고 볼 수 있을까?

어린이집 원장들이 시구군 담당 공무원들에게 월 150만~200만 원 상납하는 건 어려운 일이 아니다. 전국에 약 4만 5000여 어린이집을 16개 시도로 나누어도 한 지역당 약 2000여 곳의 어린이집이 있고 약 230개 시구군으로 나누어도 평균 190여 곳의 어린이집이 있다. 한 어린이집에서 월 1만 원씩만 내면 가능한 일이다. 1년에 한두 번씩 뜬금없이 특별회비를 10만 원씩 거두면 상납 금액이 증가하는구나 하고 어린이집은 속짐작만 할 뿐이다.

또 각자 어린이집이 지도점검을 피하려고 담당자한테 개인적으로 상납하는 돈이 회비로 걷는 돈보다 더 많았다. 어린이집 원장은 담당자들하고 만나면 밥값, 술값에 흰 봉투는 기본이라고 여겨 준비해 나간다. 어떤 사람은 어린이집을 개원하면서 2년 동안 지도점검에서 빼주는 조건으로 시청 과장에게 2000만 원을 주었는데 6개월이 지나자마자 구청에서 지도점검이 나왔다. 그래서 2000만 원을 다시 돌려달라고 하니, 시청 과장 왈 "6개월 동안 지도점검을 받지 않았으니 1500만 원만 돌려주겠다"고 하여 500만 원은 받지 못한 일도 있다.

참고로 담당 공무원 가정에서 사용한 카드 대금을 1년 동안 대신 납부한 원장도 있었다. 그 공무원 이름을 대면서 욕을 하면서 내준다. 그렇지만 돈을 준 원장이 입을 다물고 비밀을 지키는 것은 아니다. 계장한테 얼마, 과장한테 얼마, 누구한테는 뭘 가져다주었고 이번에 뭘 주고, 얼마를 주었다 등등 다 이야기한다. 용돈 받아 쓴 공무원만 모른다.

36 어린이집 정지, 폐쇄, 자격 정지도 과징금으로 해결

참 재미있는 법이 하나 만들어졌다. 어린이집이 비리로 정지나 폐쇄 처벌을 받았을 때 돈으로 해결하도록 만들어준 법이다.

특별활동비 비리를 막고 싶다면 각 어린이집의 채무 현황부터 파악하면 된다. 막연하게 각 어린이집의 대출 현황을 적어서 내라고 하면 절반은 숨긴다. 그러나 행복기금 빚 탕감 정책에 비춰 탕감해준다고 하면 현금 서비스 내역까지 다 적어 낼 것이다.

어린이집이 짊어지고 있는 채무는 결국 영유아 부모가 부담해야 한다. 특별활동비, 현장체험비, 교재비 등등 보육사업안내서에 있는 납부금 이름으로 청구되어 어린이집 채무를 부모가 갚고 있는 것이다. 이제 이 징그러운 '눈 가리고 아웅'도 그만할 때가 왔다.

제45조의2(과징금 처분)

① 보건복지부 장관, 시·도지사 또는 시장·군수·구청장은 어린이집의 설치·운영자가 제45조 제1항 각호의 어느 하나에 해당하여 어린이집 운영정지를 명하여야 하는 경우로서 그 운영정지가 영유아 및 보호자에게 심한 불편을 주거나 그 밖에 공익을 해칠 우려가 있으면 어린이집 운영정지 처분을 갈음하여 3000만 원 이하의 과징금을 부과할 수 있다.

② 제1항에 따른 과징금을 부과하는 위반행위의 종류와 위반정도 등에 따른 과징금의 금액 등에 필요한 사항은 대통령령으로 정한다.

③ 보건복지부장관, 시·도지사 또는 시장·군수·구청장은 제1항에 따른 과징금을 내야 할 자가 납부기한까지 내지 아니한 경우에는 국세 체납처분의 예 또는 「지방세외수입금의 징수 등에 관한 법률」에 따라 징수한다. 〈개정 2013.8.6.〉

출처 : 법제처 영유아보육법.

이 법이 발의되어 통과되기 전까지 있었던 일이다.

총연합회에서 이사회가 열렸다. 요지는 이제 어린이집에서 비리를 저질러도 과징금만 내면 되는 법이 발의되었으니 이 법이 통과되도록 다 같이 힘을 모으자는 것이었다.

"비리를 저질렀으면 당연히 어린이집이 정지되어야 하고 폐쇄됨이 마땅한데 무슨 이런 법이 있느냐"는 목소리와 "아니다, 돈으로라도 해결할 길이 있다는 것이 얼마나 다행이냐"는 목소리가 팽팽히 맞섰다.

"회계 구조 개선 없이 어린이집 비리 구조를 근절할 수 없으니 본질을 고쳐 사람답게 살자"는 소수의 의견은 묵살되었다. 결국 그 어떤 비리든 과징금이라는 돈으로 해결하는 구도가 되어버렸다. 이런 법을 만들어놓은 국회의원은 어린이집에 대해 아무것도 모르는 사람이 분명하다.

허위 아동 등록, 허위 교사 등록, 업체와 짜고 현금으로 돌려받기 등 어린이집 비리가 결국은 고스란히 영유아들의 피해로 이어지는데 처벌을 과징금으로 대체하게 만들어놓으면 어쩌란 말인가? 이 법 덕분에 비양심적인 죄 많은 원장들이 발 뻗고 잠을 잘 수 있게 되었다.

월 평균 500만 원이래도 1년이면 6000만 원, 약 3년이면 1억 8000만 원 덕보고 300만~800만 원만 과징금으로 내면 되는데 누가 불법을 저지르지 않을까? 또 공무원 입장에서는 어떤 어린이집은 정지, 폐쇄 잣대를 들이대고 어떤 어린이집은 과징금으로 대체해주는 권한을 가지게 되었으니 얼마나 통제하기 편할까?

어린이집 비리만큼은 절대 돈으로 무마하게 해서는 안 되는데도, 국회의원들이 이런 법을 만들어 비양심 어린이집 원장들의 조력자가 되고 있다. 이제 영유아 부모들이 힘을 합쳐서 2013년 8월 6일 이전, 과징금으로 대체하는 이 법이 생기기 전으로 돌려서 불법과 비리를 저지르는 어린이집은 운영을 정지하거나 폐쇄해 두 번 다시 발을 못 들이게 해야 한다.

보건복지부가 관장하는 모든 어린이집에는 다 카드결제기가 있다. 그럼에도 어린이집 횡령 비리는 끊이지 않고 있다. 부모 100여 명으로부터 300만 원을 받아 특별활동 외주업체에 지출하고 서류를 허위로 조작하여 200만 원은 돌려받고 실제 특별활동비는 100만 원만 지급하는 사례가 비일비재하다. 매월 200만 원씩이면 1년이면 2400만 원, 3년이면 7200만 원이다. 이건 특별활동이 한 가지일 때 챙기는 비용이다. 특별활동이 다섯 가지라면 약 3억 6000만 원이다. 이렇게 거짓된 방법으로 비용을 착복해도 과징금 몇천만 원 납부하고 어린이집을 계속 운영할 수 있다면 어린이집 입장에서는 불법을 저지르는 게 더 이익이다.

지도점검을 하고 처벌을 내리는 목적은 두 번 다시 그런 부정을 하지 말라는 것이 아닌가. 그런데 반성이나 뉘우침 없이 돈으로 해결하는 창구를 만들어놓고 어린이집 폐쇄나 원장 자격 박탈 같은 처벌을 내리는 대신 돈으로 해결할 수 있도록 한 것은 말이 되질 않는다. 하루빨리 개정해야 할 법이다.

보건복지부는 비리가 터질 때마다 전국 어린이집을 대상으로 운영 실태 및 보육료 지급상황을 점검한다. 그리고 그 결과 "39곳 중 30곳에서 48건의 위반사항을 적발하였다"는 식으로 발표만 한다. 보건복지부가 어린이집 비리를 근절해야 할 중앙주무부처임에도 손 놓고 있는 이유가 무엇인지 이제 부모들은 직접 따져야 한다.

정치권들의 선심성 공약인 무상 보육을 실행한 후로는 어린이집 원장들이 어린이집에 아이를 보내지 않는 부모한테 솔깃한 유혹을 한다. 자녀를 어린이집에 보내는 것처럼 허위 등록하여 정부에서 나오는 보조금을 절반씩 나눠 가지자고 제안하는 것이다. 그런 어린이집은 허위 아동을 등록했으니 교사도 필요 없다. 실제로는 보육을 하지도 않으면서 매월 정부로부터 지원받은 보조금을 부모와 나눠 가지면서 정부 정책을 우롱하고 있다. 자, 이런 경우도 과징금으로 해결하면 된다. 돈으로 해결하도록 해놓은 멋진 법 덕분이다. 원장은 죄의식을 느낄 이유가 없다. 그 죗값으로 돈을 냈으니깐 말이다.

공범인 부모에게는 아무런 처벌도 하지 않는다. 원장과 짜고 정부 보조금을 타먹은 부모에게도 벌점을 주든지 보조금을 게워내게 하든지 그에 상응하는 처벌을 내려야 한다. 부당이득을 취한 금액에 비례해 몇 년 동안 보육료 지원을 중단하든지 해야 한다. 지은 죄에 비해 벌이 가벼우면 한 번 죄를 지은 사람은 같은 죄를 반복하고 그 죄를 또 지어도 된다고 여긴다. 무상 보육이 비리 원장에 비리 부모까지 양산했다. 어린이집의 각종 비리에 면죄부를 주는 이 법이 개정되도록 젊은 부모들이 나서야 한다. 돈으로 해결하면 다 된다는 정서를 영유아 영역에서만큼은 용납해선 안 된다.

37 유명무실한 어린이집 운영위원회 있으나 마나 한 부모모니터링단

어린이집 운영위원은 어린이집의 예산 및 결산의 보고에 관한 사항도 심의할 수 있고 보육료 외 필요경비를 받는 경우, 그 수납액 결정에 관한 사항을 심의한다. 이 운영위원회만 제대로 가동되어도 어린이집 비리를 근절하는 데 큰 역할을 할 수 있다.

그러나 실제로 어린이집에서 열리는 운영위원회는 회의를 위한 회의일 뿐이다. 상반기 1회, 하반기 1회 열리는데 다과회 수준이며 원장이 미리 마련한 유인물을 검토하는 정도지, 운영위원들이 교사 한 명이라도 불러서 물어보지도 않는다. 또 운영위원이 원장이 준 유인물과 어린이집 회계장부를 가져와서 대조하지도 못한다.

운영위원회는 원아가 돌아가거나 교사가 다 퇴근한 후 열린다. 어떤 어린이집은 운영위원회 자체를 열지 않고 운영위원들 일터나 가정에 음료수를 들고 찾아가 운영위원회 회의를 했다고 치고 회의록에 도장만 받아 온다. 구청에서 지도점검 나오면 회의록만 볼 뿐이다. 운영위원회가 제대로 열려 회의를 했는지는 확인하지 않는다.

구성원이 원장이고 그 어린이집 교사 대표 1인인데 운영위원인 학부모가 참석하여 예민한 사안에 대해 의견을 제시하기란 거의 불가능하다. 또 실제 구성도 학부모는 1인이기에 혼자 참석한 학부모가 발언을 하려면 굉장한 용기가 필요하다. 원장을 언짢게 했다가는 그 불똥이 자녀에게 튈 수도 있으니 참석조차 안 하고 그냥 도장만 찍어주는 걸 택한다.

운영위원은 기본적으로 원장한테 우호적인 학부모가 선정되고 지역 인사도 이름만 올려놓고 참석이 어려워 어린이집 제반 사항에 간섭하지 않는 자들 중에 선정한다. 대부분은 원장의 스승인 영유아 관련 학과 교수를 운영위원장으로 앉힌다. 그렇다 보니 회의 때 내용은 권면, 수고에 대한 감사 인사 위주다. 분명한 역할을 하는 운영위원회가 되려면 적어도 운영위원으로 학부모를 3~5인 이상 참여시켜야 한다. 그러면 운영위원회의 모습은 많이 달라질 것이다.

선거를 통해 선출하며 학교 운영에 직접 개입하는 학교 운영위원회와는 달리 어린이집 운영위원회는 원장의 지인들로 꾸린다.

영유아 부모 중 자신이 운영위원이 되어 어린이집 운영 전반을 심의하겠다고 하면 원장은 이미 운영위원이 선정되었고 임기가 남았다고 다음에 기회가 있으면 연락하겠다고 한다. 그러다 그 가정이 이사를 가거나 원아가 졸업하는 등 다른 이유로 퇴소하면 그 일은 유야무야되는 것이다. 보통은 운영위원 임기를 2년으로 하는데 자발적으로 운영위원을 하겠다는 부모가 조금 극성스럽다 싶으면, 보육료나 필요경비에 대해 의견을 제시하는 부모라면 계속 기존 위원들 임기가 남았다고 하면서 그 부모가 운영위원이 되는 걸 의도적으로 막는다.

이제 어린이집도 학교 운영위원회처럼 전체 원아 부모들이 모이는 오리엔테이션 날 부모 대표 운영위원을 뽑아야 한다. 영유아 부모가 운영위원장과 부위원장을 맡아야 한다. 그래야 원장 지인들로만 구성되어 회의록만 지도점검 받는 지금의 행태에서 벗어날 수 있다.

영유아법 제25조, 시행령 제21조의 2, 시행규칙 제26조에 어린이집 운영위원회를 설치 및 운영하라고 명시되어 있다. 어린이집의 장은 어린이집 운영의 자율성과 투명성을 높이고 지역사회와의 연계를 강화하여 지역 실정과 특성에 맞는 보육을 실시할 수 있도록 하기 위하여 부모협동조합 어린이집을 제외한 모든 어린이집에서는 어린이집 운영위원회를 설치, 운영해야 한다.

어린이집 운영위원회는 그 어린이집 원장하고 보육교사 대표 1인하고 학부모 대표 1인하고 지역사회 인사 포함 5인 이상 10인 이내로 구성해야 한다. 운영위원회 위원장도 위원 중에서 호선해야 하며 상반기, 하반기 각 1회 이상 개최하고 공개를 원칙으로 하고 회의록을 작성, 보관해야 한다.

그러나 영유아 부모들은 어린이집에 운영위원회가 있는지, 어떤 일을 하는지 잘 모른다. 그냥 원장 말 제일 잘 듣는 학부모 1인, 너무너무 바빠서 운영위원회가 열려도 잘 참석 못 하는 부모면 금상첨화고 원장이 아는 교수, 지인, 친구 등등 아는 사람으로 구성하는 현실도 모른다.

어린이집의 예산 및 결산보고서를 백날 들여다본들 보통 사람은 알 수 없다. 통장하고 영수증을 대조하는 공무원도 못 잡아낸다. 실제 지출영수증을 들고 물건이 들어왔는지 안 들어왔는지 운영위원회에서 확인하겠다고 하면 바로 그 운영위원은 이상한 사람이 된다.

또 보육료 외에 필요경비를 받는 경우, 그 수납액 결정에 관한 사항도 실제로는 개입하지 못한다. 시도지사가 얼마 책정해서 받으라고 했다고 하고 시·도에 전화로 알아보면 원장 말이 맞는다고 하니 문제 제기도 못한다. 시에 구성된 보육정책위원회에서 필요경비를 정한다. 그러나 사전에 연합회 임원들과 금액을 조율한다. 설령 학부모가 운영위원회에서 책정된 필요경비가 많다고 금액을 낮추자고 해도 원장은 자기 어린이집 운영위원회 결과를 따르지 않는다. 물론 필요경비도 시도에서 이렇게 책정되어 왔다고 통보하지 그 사안을 가지고 별도로 운영위원회를 열지 않는다. 설령 그 안건으로 열어도 위에 밝힌 것처럼 시에서 책정했다고 밀어붙이면 아무도 금액을 낮추지 못한다.

상반기 1회, 하반기 1회 회의만 참석하는 이 운영위원들이 뭘

할 수 있단 말인가? 보육이 시작되는 아침 7시 30분부터 오후 7시 30분까지 운영위원들이 지키고 있지 않는 한 영유아 건강, 영양, 안전에 대해 심의하는 것은 불가능하다. 그냥 '어린이집에 운영위원회가 있다'는 형식만 갖추어놓은 것이다. 그러곤 운영위원회라도 있으니 있다는 사실만으로 안심하라는 것이다.

| 부모모니터링단? 아이사랑모니터링단? 있으나 마나?

어린이집에 운영위원회가 있고 부모모니터링단도 운영한다. 부모와 보육·보건 전문가가 직접 어린이집 급식, 위생, 건강 및 안전관리 등 운영 상황을 모니터링하는 것이다. 그런데 왜 어린이집의 구조적인 모순이나 문제가 한 건도 제기되지 않는단 말인가? 하루만 어린이집 방문해서 회계부터 전반적인 운영을 원장에게 들으면 가장 시급하게 해결해야 할 문제가 무엇인지 삼척동자도 아는데 도대체 가서 뭘 모니터링하기에 나 같은 사람이 어린이집의 불편한 진실을 고발하는 이런 책을 쓰게 만드는지 이유를 알다가도 모르겠다.

답은 간단하다. 부모모니터링단의 주요 모니터링 분야는 건강관리(영유아 예방접종, 응급조치 체계, 건강검진 등) 급식관리(식단 및 영양, 조리, 식자재 관리 등), 위생관리(급식 위생, 조리실 청결, 시설·비품 위생관리 등), 안전관리(환경 안전, 차량 안전, 아동학대 예방 등)다. 여기에서 부모들이 살필 것은 부모모니터링단의 역할이 어린이집 운영위원회의 심의 내용을 요약해놓은 것과 같다는 사실이다.

> 어린이집 운영위원회는 다음 각호의 사항을 심의
> ❶ 어린이집 운영 규정 제·개정에 관한 사항
> ❷ 어린이집의 예산 및 결산의 보고에 관한 사항
> ❸ 영유아의 건강·영양 및 안전에 관한 사항
> ❹ 보육시간, 보육과정의 운영 방법 등 어린이집의 운영에 관한 사항
> ❺ 보육 교직원의 근무 환경 개선에 관한 사항
> ❻ 영유아의 보육 환경 개선에 관한 사항
> ❼ 어린이집과 지역사회의 협력에 관한 사항
> ❽ 보육료 외의 필요경비를 받는 경우, 영유아보육법 제38조에 따른 범위에서 그 수납액 결정에 관한 사항
> ❾ 그 밖에 어린이집 운영에 대한 제안 및 건의사항

부모들이 불안해하는 것은 어린이집 비리다. 아동을 학대하고, 국고보조금을 부정 수급하고, 학부모가 낸 특별활동비를 다른 곳에 쓴 양심 불량 어린이집이 소수가 아니고 전반적으로 불법이 만연해 있다는 사실이 언론 매체를 통해 밝혀졌기 때문이다.

그렇다면 이제 유명무실한 어린이집 운영위원회나 시늉만 하는 부모모니터링단이나 어린이집 비리를 단 한 건도 적발해내지 못하는 평가인증을 새로 정비할 필요가 있다. 허위 교사, 허위 직원 등

록으로 인한 국고보조금 부정을 찾아내고 학부모가 낸 특별활동비를 비롯한 필요경비가 다른 곳에 쓰이고 있지는 않는지 찾아내어 같은 비리가 더 이상 어린이집에서 일어나지 않게 해야 한다.

친환경 유기농 식자재비를 영유아 부모로부터 받아서 값싼 중국산 농산물을 먹이고 각종 비용을 부풀려 횡령하는 어린이집을 적발해야 한다. 여러 곳의 어린이집을 문어발 운영하면서 상습적으로 특별활동비 및 식자재비를 부풀려 결제하고 되돌려받는 등 온갖 거짓된 방법으로 돈을 빼돌려 착복하는 어린이집을 잡아달라는 게 부모들의 바람이다.

서울시에서 아이사랑모니터링단을 운영해 상시적인 점검 시스템을 강화하겠다고 하는데 근본 뿌리부터 개조해야 한다. 왜 숨기고 감추는지 본질을 파헤쳐야 한다.

2014년 『보육사업안내』에는 "시도지사 또는 시군구청장은 모니터링단 대상으로 모니터링 및 컨설팅에 필요한 현장 및 이론 교육을 반드시 1회 이상 실시 후 사업을 시행해야 한다"(151쪽)고 되어 있다. 부모모니터링단이 하는 컨설팅이 다음과 같다.

건강관리: 영유아 예방접종, 응급조치 체계, 건강검진 등

급식관리: 식단 및 영양, 조리, 식자재 관리 등

위생관리: 급식 위생, 조리실 청결, 시설 · 비품 위생 관리 등

안전관리: 환경 안전, 차량 안전, 아동학대 예방 등

그러나 이런 교육은 연수를 통해 배우게 하고 부모모니터링단은 부모가 간절히 원하는 문제들을 해결해줘야 한다. 즉 어린이집 비리 매뉴얼을 경찰로부터 받아서 그걸 교육하고, 그런 다음 어린이집에 나가 비리 매뉴얼에 있는 비리가 포착되면 사법기관에 고발 조치 하는 역할까지 수행해야 한다.

어린이집 회계 구조가 어떤지 모른 채 권리금을 주고 어린이집을 산 원장이 진짜 뭘 모른 채 비리를 저지르고 있는지, 아니면 뻔히 알면서도 저지르고 있는지부터 확인해야 한다. 그런 다음 몰라서 비리를 저지르고 있다면 영유아 국가목적사업에 대한 컨설팅을 해줘야 한다. 알면서 의도적으로 하고 있는 어린이집은 더 말할 것도 없이 고발해야 한다.

현재 시도구군에서 시행하고 있는 부모모니터링단은 위에 열거한 사안에 대해 어린이집이 모니터링을 신청하여 컨설팅을 받으라고 만들어놓은 제도다. 모니터링단은 신청한 어린이집 원장과 방문 일정을 사전에 협의하고 방문 시 모니터링 승인서와 신분증을 어린이집 원장에게 제시하라고 한다.

이런 형태의 부모모니터링단을 운영하면 어린이집의 각종 비리가 해결될 것이라고 보는 공무원들의 안일한 사고가 안타깝다. 그렇게 생각하는 게 아니라면 이것은 부모들을 기만하는 또 하나의 트릭에 불과하다. 이제 자발적으로 부모모니터링단이 결성되어 제대로 된 모니터링이 이루어질 필요가 있다. 이것이 제대로 실시되지 않고 있으니 여전히 어린이집 먹을거리 비리, 보조금 횡령 비리, 허위 등록 교사에 대한 기사가 연일 터져나오는 것이다.

운영위원회든 모니터링단이든 만들어놓고 무언가 하는 시늉만 하지 말고 근본 구조를 개선해야 한다. 위원회든 모니터링단이든 뭐가 있다는 것만으로 부모를 안심시키는 쇼는 중단해야 한다.

부모모니터링단의 주요 모니터링 분야는 건강관리, 급식관리, 위생관리, 안전관리지만 이것만으로 어린이집 비리를 근절할 수 있으리라 기대하기는 힘들다. 어린이집 재정 관리, 즉 경영 회계 관리를 컨설팅 해야 하고 어린이집 회계 구조를 개조하는 데 초점을 맞춰야 어린이집 비리를 근절할 수 있다.

38 '눈 가리고 아웅' 하는 평가인증

자녀 양육에 있어 어린이집만 의지하는 부모 입장에선 어린이집을 대신 평가하고 점검해준다면 그보다 더 고마운 일은 없다. 평가인증을 받은 어린이집이라고 하면 일단 어느 정도는 안심한다.

결론부터 말하자면 평가인증은 '하루 눈가림 평가인증'이다. 평가인증에서 온갖 부정과 비리를 다 적발할 수 있다면 내가 이런 책을 쓸 이유가 없다. 수당 3만 원을 받는 평가인증 요원이 아침 9시에 와서 오후 5시까지 있으면서 평가를 하는 것이다. 그렇게 하루본 것으로 '통과, 유예, 불통'을 결정한다.

평가인증만 통과하기 위해 지인 어린이집에서 책도 빌려다 놓고교구장도 빌려다 놓는다. 다 사서 하려면 돈이 무서워 평가인증 통과한 어린이집서 빌려와 하루만 둔다. 이게 빌려온 물건인지, 원래있던 물건인지 절대 알 수가 없다. 그런 물건들은 평가인증을 받은 날 바로 퇴근길에 원래 주인인 어린이집으로 옮겨진다. 아이들과 교사만 안다.

　등록된 교사의 이름으로 실제 근무하는 교사 보육일지를 다 만들어놓는다. 도장도 등록된 교사 나무 도장 하나 만들어 보육일지에 도장을 다 찍든지 아르바이트 선생님이 사인을 미리 다 한다. 등록만 되어 있던 교사는 3~4일 전부터 잠깐잠깐 나와 평가인증을 받기 위한 준비를 한다.

　평가인증일 당일 원에 나와 원래 근무했던 것처럼 한다. 그러면 평가인증 요원이 교사는 등록만 되어 있을 뿐 실제로 근무하지 않는 교사라는 걸 어찌 알겠는가? 여러 사람이 한 사람 속이는 것은 너무나 간단한 일이다. 등록만 된 직원들은 평가인증이나 지도점검 받는 날만 오지만 아주 능숙하게 평가인증을 받는다. 교사가 추가로 해야 할 일은 자기 반 아이들 이름과 얼굴을 사전에 암기하는 것뿐이다.

　평가인증을 준비하는 과정이 더 기가 막힌다. 우리 아이 보육해 달라고 어린이집을 보냈는데 어린이집 선생님은 평가인증 준비하느라, 밀린 보육일지 쓰느라 정신이 없다. 출근해 보육하면서 짬짬이 보육일지 쓰고 전달 알림장 쓰고 서류 작성, 정리하는 데 넋이 나간다.

　손가락도 까닥 못할 정도로 피곤한 교사는 아이들한테 그냥 "앉아 있어, 앉아 있어"만 되뇐다. 하루 종일 CD 틀어 영상을 보여주는 것과 TV를 보여주는 것이 뭐가 다른가? 만화영화든 유아 프로그램이든 화면만 틀어놓고 선생님은 보육일지 쓰기에 여념이 없다. 80가지가 넘는 서류를 작성, 정리하는 동안 아이들은 보육이 아니고 방치 상태에 놓인다. 그래도 보건복지부는 이제 약 50퍼센트 이상이 평가인증을 받아 어린이집 보육 기반 정비가 제대로 되고 있다고 만족한다.

평가인증만을 위한 평가인증을 하면서 평가인증을 하고 있다는 자위가 지나치다. 365일 평가인증 사항이 준수되는 게 아니고 어린이집은 각자 자기 방식대로 운영하면서 3년마다 평가인증을 받을 때만 평가인증에 맞춰 준비하면 된다. 그날 하루 시험 잘 치르면 된다.

평가인증의 기본 방향은 보육 서비스에 대한 효과적인 관리 시스템을 마련하고, 부모들이 합리적으로 어린이집을 선택할 수 있도록 정보를 제공하는 데 있다고 한다. 또 영유아법 제30조에서는 "보건복지부 장관은 보육 서비스의 질적 수준 향상을 위하여 어린이집에 대한 평가인증을 실시하고 업무는 공공 또는 민간 기관·단체 등에 위탁하여 실시할 수 있음"이라는 법적 근거를 제시하고 있으나, 현재 평가인증 위탁 수행기관은 한국보육진흥원 한 군데다. 한국보육진흥원 한 군데에서 전국 약 4만 5000여 곳의 어린이집을 다 감당한다는 것도 어불성설이고 이런 독점은 지양되어야 한다.

더구나 한국보육진흥원은 다음과 같이 수수료를 받는다.

신규인증·재인증 참여 수수료를 100인 이상 어린이집은 45만 원을 받고 40인 이상은 30만 원, 39인 이하는 25만 원을 받는다. 또 재참여 수수료로 100인 이상은 23만 원, 40인 이상은 15만 원, 39인 이하는 13만 원을 받는다. 확인 방문 수수료로 20~60만 원을 별도로 받는다.

그렇다면 불안해하는 부모들의 불만을 제거해주는 일에 주력해야 한다. 그러나 허위 교사, 부실 식단, 보조금 횡령, 아동 학대 등 어린이집 관련 비리 기사는 줄어들지 않고 있다. 2013년 12월 송파경찰서 수사 결과 현직 구의원 등 어린이집 원장 3명이 구속되고 179명이 불구속 입건되었다. 국고보조금 횡령죄로 원장들이 처벌을 받았다. 과태료와 시정명령 등 행정처분을 받은 어린이집이 180여 곳이고, 환수 조치한 국고보조금만 94억여 원에 이른다.

그렇다면 지금부터 10여 년 전 참여정부 때 여성가족부가 어린이집 업무를 담당하면서 야심차게 시작한 평가인증 제도는 이런 수사 결과 앞에서 어떤 말을 할 것인가? 그저 위탁 관리기관의 수수료 장사만 하게 해준 거라고 해도 과언이 아니지 않는가?

또한 말이 거창하게 평가인증이지 현장 관찰자가 한 어린이집에 들어가 무작위로 한 반을 찍어서 그 반 한 반만 하루 종일 관찰하고서는 '인증, 인증 유보, 불인증' 판단을 내리는 시스템도 개선할 필요가 있다. 복권 당첨도 아니고 그날 현장 관찰자에게 당첨된 그 한 반만 잘하면 전체가 공짜로 통과되는 것을 부모들은 모른다. 그래서 '평가인증 통과 어린이집' 하면 모든 것을 제대로 해서 평가인증을 통과한 우수한 시설인 줄로 안다.

자, 이제 '눈 가리고 아웅' 하지 말고 평가인증을 제대로 해야 한다. 첫째는 한국보육진흥원 평가인증사무국 혼자서 전국 약 4만 5000여 곳의 어린이집을 다 감당하는 것은 오만이다. 위탁 관리 기관을 늘려 당해연도에 전체 어린이집 평가인증을 실시해야 한다. 또 독점 형태의 위탁은 또 다른 부정을 잉태한다. 예를 들어 한 어린이집에 반이 10개면 현장 관찰자가 10인이 들어가 모든 반을 관찰해야 하며 운영·회계 관련 서류도 1인이 전담해서 보육통합정보시스템과 상이한 부분을 밝히는 실질적인 평가가 이루어져야 한다. 1인이 방문하여 한 반만 오전에 보고 오후에는 운영 관련 서류를 점검하는 지금의 방식으로는 어린이집의 고질적인 비리를 해결할 수 없다. 부모들을 대신하여 평가하고 점검하는 역할을 제대로 수행해야 할 것이며 보육 서비스의 질적 수준 향상이라는 목적을 달성키 위해서라도 개선해야 한다.

전국의 어린이집 평가인증을 위탁 관리할 기관을 공개적으로 모집하고 여러 기관에 평가인증 업무를 위탁하여 어린이집 비리를 근절해야 한다. 평가인증을 실시하는 지금도 평가인증을 실시하지 않던 시절 어린이집에서 일어난 비리가 똑같이 일어나고 있다. 이제 그 이유를 평가인증사무국이 부모들한테 명확하게 설명해야 한다.

39 아이들 보육에
소홀하게 만드는 평가인증

평가인증을 준비하는 동안 어린이집은 영유아들을 TV만 보게 하거나 잠을 재운다. 영유아들의 일거수일투족을 다 일지로 남겨야 하는 시간을 마련해야 하기 때문이다. 아이들을 매트 위에 앉게 하여 TV를 보게 하고 보육일지를 작성한다. 매트를 벗어나는 아이는 혼난다. 화장실을 갈 때만 매트를 벗어날 수 있다.

또 보육하는 아이 한 명 한 명마다 부모에게 전달할 수첩을 작성해야 하니 잠을 재울 수밖에 없다. 평가인증 서류가 많아지고 평가인증을 강화하면 할수록 아이들은 방치된다. 부모들을 상대로 어린이집 관리 · 감독 하나의 방법이라고 제안한 인증 통과를 위해 어린이집에서는 보육을 받아야 할 아이들을 TV나 보게 하고 잠을 재워야 하는 것이다. 낮에 잠을 많이 잔 아이들은 집에 돌아가면 밤새도록 새벽까지 잠을 안 잔다. 내일 출근해야 하는 엄마는 이게 제일 곤혹스럽다. 이래서 나는 평가인증이 정신 나간 교수들과 공무원들의 합작품이라고 말하는 것이다.

평가인증 제도를 도입한 후 글재주가 있는 교사는 아이들을 내버려두고 그저 글로 남는 보육일지와 부모에게 전달할 수첩만 잘 작성하면 우수 교사로 선정된다. 컴퓨터에 앉아 일지 작성하고 관련 그림을 다운로드 받아 배치하고 컬러로 깔끔하게 타자를 치면 멋진 보육일지가 만들어진다. 보육일지 보고 감탄하는 부모를 보면 부모에게 전달하는 수첩을 읽고 감동하는 부모를 보면 "교사가 그걸 만드는 시간에 당신들의 아이는 방치되었습니다"라고 알려주고 싶다.

보육하라고 주어진 시간에, 무슨 통뼈라고 교사가 몇십 명 되는 아이들의 하루 일과를 다 쓰는 보육일지를 작성하고 부모한테 일일이 아이가 오늘 하루 어떻게 지냈는지를 기록하는 수첩을 다 써낼 수 있는가? 지어낸 글이 반이요, 있는 문구 베끼는 것이 절반이다. 보육하면서 그걸 글로 다 기록을 남기라는 것은 단 한 시간도 아이를 돌봐본 적이 없는 자들의 발상이다.

| 퇴근 못하는 교사들

초창기 평가인증 제도가 시행될 때는 평균 6개월 동안은 교사들이 새벽 2~4시에 퇴근했다. 밤새도록 평가인증 준비한다고 유리창, 창틀 청소를 하고 교구를 직접 다 만들었다. 헝겊이든 종이든

교구든 친환경이라야 하고 다 손으로 만든 것이 점수를 많이 받으니 재봉질도 하고 돌멩이도 주워서 씻어 담아놓고 나뭇가지, 나뭇잎을 따서 밤새 말렸다.

새벽 2~4시에 집에 들어가 서너 시간 눈 붙이고 다시 7시 30분까지 출근해야 하는 교사가 영유아 보육을 제대로 할 리 만무하다. 하루 이틀도 아니고 평균 6개월, 재평가인증 시에는 2개월 남짓 평가인증을 준비해야 하는데 그것도 보육 시간 내 짬짬이, 퇴근 후 준비해야 하는데 수면 부족은 당연하다. 교사 자신의 몸이 고단하고 천근만근인데 손가락 하나도 까닥하기 싫다. 평가인증 준비 기간 중 질문이 많은 아이는 제일 밉상이다. 교사가 아이들에게 짜증을 내는 일도 잦아지고 목소리도 커질 수밖에 없다.

엄마와 안 떨어지려고 우는 아이는 교사 입장에서는 어린이집에 안 왔으면 좋겠다 싶은 아이다. 산만하고 평가인증 통과에 도움이 안 되는 아이는 그날 하루 결석해달라고 주문하기도 한다. 왜? 평가인증을 통과하지 못하면 지원을 못 받는데 그 산만한 아이 한 명으로 인해 평가인증 자체를 망칠 순 없으니 그 아이가 다른 어린이집에 가도 좋다는 생각에 결석을 종용하는 것이다.

종종 부모들은 어린이집이 평가인증 받는다고 모월 모일 현장 관찰자가 오는 날에는 아이를 등원시키지 말거나 늦게 오게 하고 일찍 데려가 달라는 주문을 원장으로부터 받는다. 어린이집에 가지 말라고 하면 영유아들이 떼쓰고 우는 일은 다반사인데도 점수 잘 받겠다고 못 오게 하는 일이 비일비재하다. 더구나 평소에 다른 친구를 때리거나 문제를 일으키는 아이라면 더욱더 결석하길 종용한다. 말 잘 듣고 얌전한 아이들만 데리고 보육을 하면서 평가를 받겠다는 것이다. 우는 아이, 아픈 아이, 떼쓰는 아이, 폭력적인 아이 등등 문제 행동을 보이는 아이는 다 집에 데리고 있으라는 이야기다. 행동에 문제가 없는 아이들만 데리고 교사가 영유아를 보육하고 서로 상호작용 평가를 한다.

부모들은 평가인증을 통과한 어린이집을 선호한다. 한국보육진흥원도 약 65.4퍼센트에 해당하는 어린이집이 평가인증을 통과했다고 홍보한다. 그렇지만 실제로는 교실에서 발생할 가능성 있는 각종 문제를 사전에 막아놓고 평가를 받는 것이다. 내 자녀가, 내 아이가 어린이집 평가 때문에 그 시간 집에 있어야 하는 부모 입장이 되면 속상한 일이다. 보육이 본질인데 평가를 위해 보육받아야 할 대상을 어린이집에 아예 오지 못하게 하는 것이 말이 되는가 말이다.

아이들이 떼쓰고 우는 상황은 평가에서 감점 대상이 아니라고 하지만 그건 현장을 모르는 공무원들 이야기다. 한 반에 15명의 원아가 있는데 한두 명이 울고 떼쓰고 문제를 일으키면 교사는 당황한다. 우는 두 아이는 양쪽 무릎에 앉히고 달래야 하며 두어 명이 서로 장난감을 던지고 때리며 다투면 그 교사는 우는 아이 둘을 안고 다투는 아이들한테 개입해야 한다. 그러면 나머지 10여 명의 원아는 교사가 없는 상태가 된다. 이러한 상황을 지켜본 현장 관찰자가 교사가 유아와 상호작용을 잘하고 있다고 점수를 줄 리 만무하다.

평소에는 아이들이 울어도 이내 울음을 그치고 잘 논다고 하고 떼쓰며 고집을 피워도 자라나는 과정이라고 원아 한 명이라도 놓칠까 봐 입에 발린 말을 했던 원장이 지원을 받는 평가인증 통과를 위해 갑자기 아이들을 부적응 영유아로 만들어버린다. 보건복지부나 평가인증사무국만 모를 뿐 평가인증일에 산만한 아이, 폭력적인 아이를 원에 보내지 말라는 요청을 받은 부모는 의외로 많다. 엄마들이 자주 찾는 인터넷 카페에 들어가 보면 비슷한 경험을 한 엄마들의 글이 많이 올라와 있다.

평가인증 당일 하루 완벽한 서류를 들고 시험 치듯 하루만 잘하면 되니까 평가인증 통과에만 집중하는 것이다. 평가인증 받는 날에는 아이들이 밥을 더 달라고 하면 더 준다. 평소에는 밥을 더 달라고 하면 원장이 더 주지 말라고 한다. 병아리 모이만큼 주는 반찬도 풍성하게 준다. 얼마 전 닭 한 마리로 90명 먹인 삼계탕 기사도 나왔지만, 280명 정원 어린이집들도 닭 2마리에 닭발을 잔뜩 넣어 삼계탕이라고 끓여 준다. 그러나 평가인증이 있는 날 식단이 삼계탕이라면 닭을 대여섯 마리 넣는다. 이것이 평가인증 전후 현실이다.

평가인증 받는 날에는 모든 것이 풍족하다. 기저귀도 아까워하고 화장실 변기 물도 아까워하는 원장이 인심을 넉넉하게 쓴다. 평소에는 복사용지 한 장을 쓰는 데도 인색하게 구는 원장이 인심을 쓴다. 평소에는 아이들에게 제공할 유인물 복사용지는 사용 매수까지 장부에 적어야 한다. 아이가 복사용지를 찢으면 스카치테이프를 붙여서 쓰게 한다. 그러나 현장 관찰자가 있으면 새것으로 다시 준다. 칫솔 살균기도 평가인증 하루만 빵빵 켠다. 평소에는 전기세 많이 나온다고 아예 전원을 빼놓는다. 평가인증 날만 칫솔 살균기를 사용하고 평가인증이 끝나면 코드를 빼놓는다. 그런데 안타깝게도 이러한 사실을 아는 부모가 없다.

평가인증 받은 어린이집,
한 달 후 기습 방문하라

맨 처음 평가인증을 실시할 때는 규모에 따라 3000만 원에서 1억 원까지 비용이 들었다. 건물 외벽이며 창틀 묵은 때도 씻어야 했다. 비상계단도 만들고 방염페인트도 칠해야 했다. 소방 관련 시설 보강도 필수였고 놀이터도 재정비해야 했다. 안전 관련 비용은 돈 쓴 표는 나지 않아도 구석구석 뾰족한 모서리부터 손이 끼이는 문틈, 계단 안전망에 이르기까지 신경 써야 할 곳이 많아 초기 비용이 만만찮게 들어간다.

중고품으로 다 채운 어린이집일수록 고장 난 TV, 세탁기, 냉장고, 에어컨, 온풍기를 교체해야 하니 가전제품 교체 부담이 컸다. 보통 한번 구입하면 20년이 넘도록 교체하지 않고 수리하여 사용하는 영유아 교구장, 책상, 의자 등은 비용이 제일 많이 든다. 동화책, 교습자료, 장난감을 마련할 비용이 없는 원장들이 초창기에는 평가인증을 포기했다. '평가인증=돈 지출'이니 엄두를 못 냈다.

그런데 모 연합회 회의에서 '굿 아이디어'가 나왔다. 평가인증을 하루만 받으면 되는데 굳이 비싸게 돈 주고 사지 말고 서로서로 빌려서 평가인증만 통과하자는 의견이었다. 평가인증을 통과한 어린이집에서 교구장과 책상 등 장난감 일체를 빌려주기 시작하였다. 평가인증을 통과하기 위한 하나의 대안이었다. 처음에는 쉬쉬하면서 안면이 있는 어린이집끼리 조금씩 빌렸으나 이제는 아예 드러내놓고 전화해서 "평가인증 받고 돌려줄게" "재평가인증 받고 돌려줄게" "○○○ 빌려줘" 하고 당당하게 말한다.

이때 싫다고 하면 그 원장은 인정머리 없는 원장이 된다. 평가인증만 하고 돌려주는 게 옳지 않다고 의견을 내면 바로 따돌린다. "평가인증 하루만 통과하면 되는데 비싼 비용 들여 살 필요가 어디 있느냐?"는 원장들의 의견이 더 힘을 얻고, "같이 짜고 하면 될 텐데 까다롭게 군다"고 거절당한 쪽에서 나쁜 소문을 낸다. 그렇기에 싫어도 공모에 가담해야 그 바닥에서 살아남을 수 있다.

평가인증의 본질이 뭔가? 질적으로 훌륭한 보육 서비스를 영유아들에게 제공하라는 것 아닌가. 그런데 평가인증 하루만 잘 받아서 통과하자는 게 목적이 되어버렸다. 평가인증 하루만 쾌적한 보육 환경이 마련되고 다음 날부터 원상 복귀되는 것이 현실이다.

"뛰는 놈 위에 나는 놈이 있다"고 비리든 부정이든 장난이든 잡겠다는 자들보다 피하고자 하는 자들이 더 치밀하게 머리를 굴린다. 365일 지켜볼 수 없으면 '신고 시스템'이라도 마련해야 하는데 어린이집에 근무하는 '교사' 말고는 이러한 내막을 알 수가 없다. 그러나 이제 신고하는 교사를 기대하기는 더 어려워졌다. 지금은 보육일지를 포함해 평가인증 통과 서류가 저장된 파일을 넘겨받아 어린이집 이름과 그 어린이집에 등록된 영유아 교사 이름만 수정하여 그대로 출력하도록 원장이 구해 주기 때문이다. 서로 주고받고 이득이 더 크니 누가 누구를 신고하리오.

물론 평가인증 유지 중인 어린이집 중 일부를 방문하여 인증 당시의 품질 수준을 유지하고 있는지 확인하는 점검도 있다. 연차별 자체 점검 보고서를 기한 내에 제출하지 않은 어린이집에 한해서 실시한다. 그러나 보고하는 자체 점검표대로 진행되고 있다면 각종 어린이집 비리는 진작 근절되었을 것이다.

인증은 거짓 또는 부정한 방법으로 평가인증을 받은 경우에만 취소된다. 당일 평가인증을 받기 위해 지인의 어린이집에서 빌려온 교구들은 이미 다 돌려주었다고 보면 자체 점검 보고서는 거짓으로 작성한 게 틀림없다. 그런데도 적발이 되지 않는다. 또 그런 사유로 인증이 취소된 사례도 없다. 그러한 일이 적발되었다면 다음 주에 평가인증 한다고 교구장이나 교구를 빌려달라는 원장들 전화는 사라져야 마땅하지만 여전히 성행하고 있다.

평가인증이 지닌 모순이 바로 이것이다. 가장 최상의 하루를 만들어놓고 평가인증을 받았는데 그 상태를 늘 유지하라는 것이다. 현장 관찰자가 왔다 간 그날과 같은 보육은 절대 이루어지지 않는다. 이루어질 수가 없다. 원장도 긴장이 풀어지고 교사도 풀어지고 어린이집 보육실 교구장도 원래 상태로 원상 복구된다. 이때 빌려온 물건들도 원래 주인한테 간다. 원에 그 물건이 없다. 또한 평가인증에 걸림돌이 되어 결석시킨 영유아들이 전원 등원한다. 결석을 하지 않는다. 실정이 이러한데도 자체 점검을 해서 보고서를 제출하라고 하고 그 보고 내용을 그대로 인정해주는 것이다. 양심을 믿는 것이다.

연차별 자체 점검 및 보고서 제출 기한은 다음과 같다.

인증 발표 시기	1월~6월	7월~12월
연차별 자체 점검 및 보고서 제출	상반기(익년 5. 1~6. 15)	하반기(익년 11. 1~12. 15)

이제 평가인증사무국은 그저 어린이집만 믿고 자체 점검 보고서를 어린이집 지원 시스템으로 제출하게 하지 말아야 한다. 현장 관찰자가 다시 그 어린이집을 통보 없이 방문하는 한 단계를 추가해야 한다. 기습 방문하여 확인 점검해서 거짓된 방법으로 평가인증을 받은 어린이집을 적발해야 한다.

이제 평가인증사무국은 어린이집이 거짓 또는 부정한 방법으로 평가인증을 받은 사례를 지자체로 통보하는 데 그치지 말고 사법기관에 수사를 의뢰하거나 고발 조치를 해야 한다. 왜냐하면 부모는 평가인증을 통과했다는 것만으로 그 어린이집을 믿고 선택하기 때문이다.

또한 평가인증을 통과한 이후 어린이집에서 아동학대 또는 국고

보조금 횡령, 허위 교사 등록, 허위 아동 등록, 특별활동비 리베이트 같은 비리가 발생하면 모든 책임을 한국보육진흥원과 현장 관찰자가 져야 한다. 현장 관찰자 선발 및 현장 관찰 운용 등에 관한 세부 사항은 한국보육진흥원에서 별도로 정하여 고지하기 때문이다.

또한 평가인증 심의위원도 책임을 져야 한다. 심의는 학계 전문가, 어린이집 보육 교직원 및 육아종합지원센터장, 보육담당 공무원이 3인 1조로 구성된 심의위원회에서 조별로 진행한다. 자체 점검 보고서, 기본 사항 확인서, 현장 관찰 보고서 등을 개별 검토한 후 심의 기준에 맞추어 심의위원회 의견서를 작성하는데 인증 통과 후 경찰 수사에서 비리 사실이 드러났다면 현장 관찰자도 허위 평가를 한 것이고 심의도 허위가 되는 것이다. 평가인증을 통과한 어린이집이 행정처분을 받거나 수사 대상이 되어 재판을 받아도 평가인증을 주관한 한국보육진흥원에서 책임진 사례가 없다. 국고를 지원받으면서 부모들을 대신하여 어린이집 평가를 위탁 관리하는 기관에 책임을 지게 하는 것이 마땅하며 위탁 관리 기관을 선정할 때 기준으로 삼아야 한다.

평가해야 할 항목이 없는
평가인증 제도

참여정부 시절 어린이집 담당 부서는 여성가족부였다. 여성가족부는 어린이집 비리를 잡겠다고 야심차게 평가인증 제도를 만들었다. 내심 이렇게라도 제도가 만들어져 어린이집 문제가 세상에 알려지면 좋겠다고 생각했다.

그러나 여성가족부가 만든 평가인증은 자신들 일거리를 만드는 일에 불과했다. 평가인증사무국을 만들고 일당 3만 원짜리 현장 관찰자들을 모집해서 교육하고 어린이집에 평가 수수료 조로 15만~30만 원씩 받으면서 수익을 내는 데 급급했다. 그렇게 약 4만 5000여 곳에 달하는 어린이집을 상대로 벌어들인 평가 수수료가 약 100억 원이 넘는다. 물론 인건비는 정부로부터 지원받았다.

정작 평가인증이 회계 부분이나 영유아 아이들 유해성 교구 점검이나 부실한 급간식 점검, 허위 아동, 허위 교사 적발 등 본질에

초점이 맞춰져 있는 것도 아니었다. 이러한 문제는 예민하니 제외시켰다. 본질은 피했으니 갈등도 문제 제기도 없었다. 실은 이 문제가 가장 큰 문제고 고쳐야 할 최대 과제인데도 말이다.

정권이 바뀌어 어린이집 업무는 다시 보건복지부로 이관되었다. 물론 이때 관리 기능을 상실한 여성가족부에서 교육부로 어린이집 업무를 넘겨달라고 집회도 하고 데모도 하고 인수위원회에 자료도 보내고 움직인 결과다. 그러나 교육부가 아니고 보건복지부로 다시 재이관되었다. 보건복지부에서 여성가족부로, 여성가족부에서 다시 보건복지부로 이렇게 탁구 치듯 업무만 주고받은 것이지 인수인계 과정에서 '제기된 현안'은 단 하나도 해결되지 않았다.

평가인증을 받지 않으면 지원을 하지 않고 평가인증을 받으면 안 주던 돈을 지원해주니 어린이집에서 서둘러 신청했다. 아니 돈도 돈이지만 임원들에게 실적을 배당, 평가인증을 받지 않으면 임원들 집부터 지도점검을 하겠다고 하니 전부 겁먹고 평가인증을 독려한 탓에 대다수 어린이집은 반강제로 신청했다.

2010년 개원한 한국보육진흥원은 처음에는 재단법인으로 설립되었다. 약 4만 5000여 곳에 달하는 어린이집을 상대로 손쉽게 안착해서 평가인증사무국 업무를 관장하고 있다. 한국보육진흥원은 손도 안 대고 코를 풀었다. 이미 여성가족부가 손에 든 몽둥이에 겁을 집어먹은 약 60퍼센트가 넘는 어린이집이 평가인증을 받았다. 그렇다면 한국보육진흥원은 이제 평가 항목을 점검하여 평가를 제대로 해야 하지 않을까?

다음은 평가인증에서 차지하는 회계의 배점이다. 비리가 제일 많은 회계 영역 평가 배점이 고작 2점(100점 만점)에 불과하다.

예 · 결산서 및 재무회계 관련 양호(2점)
아래 사항을 모두 충족한 경우
 − (세입, 세출)예 · 결산서 구비 : 구체적 산출 기초 명기
 − 수입 · 지출 기록 명확 : 영수증
 − 수입 : 금융 기관 통한 수납, 납부고지서 발급
 − 지출 : 5만 원 이상 카드결제, 1기관 1계좌 사용

2009년부터 3년간 경남 어린이집 행정 처분 현황 자료에 따르면 3년간 부정 수급을 한 어린이집이 218곳이다. 3년간 자격 정지 및 취소 처분 대상자 174명, 운영 정지 대상은 119곳이다. 환수한 금액만도 14억 9884만 원에 이른다.

특히 평가인증을 통과한 어린이집이 모두 46곳이나 되어 평가 인증 제도의 허술함이 이미 드러났다. 적발된 내용도 아동 허위 등록, 보육교사 허위 등록, 자격 명의 대여 및 도용, 기타 근무자 허위 등록, 아동 출석일수 허위 기재, 무자격자 보육 등 총 49종으로 광범위하다. 평가인증에서 차지하는 예결산 재무회계 관련 점수가 2점인 점을 감안하면 지금 평가인증은 본질에서 한참 벗어난 평가와 인증을 하고 있는 것이다. 더 안타까운 점은 그것을 기준으로 어린이집에 막대한 국고가 지원되고 있는 점이다.

이러한 부정 수급 사례는 어린이집에 대한 정기 점검보다는 수시 점검과 제보, 민원으로 적발된 것으로, 정기점검이나 평가인증이 얼마나 허술하기 짝이 없는지 보여준다. 전국 4만 5000여 곳의 어린이집을 전수조사할 경우 어린이집 비리 적발 건수는 훨씬 많을 것이다. 하루빨리 전체 어린이집 전수조사를 실시하여 구조적인 문제를 비롯한 어린이집 비리의 원인을 파헤쳐야 한다.

방송에서 인터뷰를 요청하면 담당 공무원들은 하나같이 "모든 어린이집을 대상으로 전수조사를 하기에는 행정력이 턱없이 모자란다"는 변명을 한다. 그러나 평가인증에서조차 중요도에서 밀리고 배점이 2점밖에 안 되는 회계 감사를 더 방치해서는 안 된다. 영유아 보육 정책이 실시된 이후 아직까지 단 한 번도 실시하지 않은 전국 어린이집 실태 전수조사를 하는 것도 바람직하다.

평가인증사무국은 어린이집 현장의 부실, 부정, 비리의 심각성을 인식하고 예·결산서 및 재무회계 관련 배점도 높이고 그 세부사항도 구체적이고 현실적으로 만들어 평가다운 평가를 해서 어린이집 인증 제도를 안착시켜야 한다.

영유아보육법 보조금 부정 사용 등 영유아보육법 위반은 3년 이하 징역 또는 1000만 원 벌금도 받고 6개월 이내 영업정지도 받는 현실을 감안하면 어린이집 재무회계 평가 비중을 2점으로 배정한 것도 비리 묵인에 일조했다고 볼 수 있다. 아무런 낌새도 못 채고 98점, 95점, 90점 받은 평가인증 통과 어린이집의 회계 부정을 눈감아준 결과가 되었다.

이런저런 사연으로 어린이집에 자녀를 맡긴 부모 대신 회계 항목을 확인하고, 유해성 교구를 점검하고, 부실한 급간식을 점검하는 등 실질적인 평가를 해야 하건만 아직도 하지 않고 있다. 그냥 부서만 넓히고 평가인증사무국에서 평가하고 있다고 보여주는 데 급급하다. 더구나 재단법인으로 설립된 지 2년 만에 공공기관이 되었다. 어떤 심사 기준을 통과하여, 어떤 실적을 높이 평가받아 한국보육진흥원을 공공기관으로 만들었는지 물어보고 싶다. 어린이집 관련 제도에 대한 깊이 있는 고찰도 없고 평가다운 평가를 하지도 않는 한국보육진흥원이 만 2년 만에 슬쩍 공공기관이 된 것도 재고해야 하고 국고로 급여나 운영비를 지원하는 것은 중단해야 한다.

하루가 멀다 하고 언론 매체에서는 어린이집에서 일어나는 급간식 관련 비리를 다룬 기사를 내보내고 아이들에게 유해한 교구를 사용하고 있다는 고발 기사를 내보내고 있다.

현실이 이러한데 평가인증 항목에 급간식 세부 항목이 있는가? 확인 항목이 있는가? 없다. 실내에서 하루 종일 입으로 물고 빨고, 우리 아이들이 하루 종일 가지고 노는 유해성 싸구려 교구를 점검하는 항목이 있는가? 점검하여 시정조치한 흔적이 있는가? 없다.

근 1~2년을 실제 선생님을 한 적이 없으면서도 서류상 등록만 된 선생님이 평가인증 받는 하루 교실에 어색하게 있는데 그걸 눈치채지 못하고 점수를 후하게 주고 있다.

부모모니터링단이 못 해내고 운영위원회가 못 해내면, 어린이집 운영지원단이 못 해내면, 공공기관으로 승격된 한국보육진흥원이 해야 함이 마땅하다. 공공기관이 되어 자신들 급여만 공무원급으로 받는 데 만족하지 말고 평가인증사무국을 강화하여 회계 부정, 급간식 부실, 유해성 교구를 다 평가하여 경찰에 고발하는 역할까지 해내야 한다.

42 엉망진창 시간 연장 보육

맞벌이 부부들은 친정어머니나 시어머니 도움 없이 자녀를 양육하면서 일을 병행하기에는 참으로 어렵다. 특히 야근을 하거나 회식이라도 있으면 난감하다. 그래서 4~5년 전부터 어린이집 보육 시간이 연장되었다. 오전 7시 30분에서 오후 7시 30분까지 12시간이던 보육 시간이 밤 9시까지로 늘어났다.

민간·신고 어린이집은 호봉과 상관없이 교사 1인당 120만 원을, 인건비를 지원받는 어린이집은 호봉대로 80퍼센트의 인건비를 지원받는다. 시간 연장 보육 아동은 5인 미만이 많다. 그렇다 보니 교사 혼자서 보육을 한다. 이때도 호봉이 높은 지인을 교사로 등록해놓고 실제 보육은 아르바이트 교사가 한다. 그러므로 등록된 교사가 실제 근무를 하는지 확인하는 '야간 보육 전담 점검반'을 가동해야 한다. 낮에 하던 가락을 밤에는 안 한다고 누가 보장할 것인가?

　야간 보육 교사 대신 할머니 할아버지가 아이들을 돌보는 어린 이집도 있다. 두 딸이 함께 어린이집을 운영하는데 작은딸을 시간 연장 반 교사로 등록하고 딸은 퇴근 후 자기 집으로 간다. 어린이 집 2층에 그 교사의 친정 부모가 사는데 등록된 자기 딸 대신 그 무자격자 노부모가 야간 보육을 한다. 언제부턴가 어린이집 간판을 내리고 지역아동센터로 간판이 바뀌었는데, 그곳이 지도점검에 걸렸다는 말은 듣지 못했다.

　낮 시간 보육이나 밤 시간 보육이나 한정된 숫자의 공무원이 등록된 교사와 실제 보육을 하는 교사가 다른 걸 잡아내는 건 힘들다. 첫째는 근무하는 교사가 양심선언을 해야 하고 같이 근무하는 직원들이 신고를 해야 하는데 현실적으로 고발이라는 것이 어렵다. 그러므로 부모가 내 아이를 보육하는 교사가 구청에 등록된 교사인지 확인하는 수밖에 없는데 일일이 발로 찾아다니지 않게 보건복지부는 '내 아이 담임 찾기 앱'이라도 만들어 제공함이 바람직하다.

　더구나 시간 연장 야간반 담임교사는 수시로 바뀐다. 낮에 직장을 다니며 '투 잡'을 뛰는 교사도 있고 낮에는 학교를 다니고 밤에 알바 형태로 근무하는 이들이 선택하다 보니 개인 사정에 따라 쉽게 그만둔다. 그렇다 보니 어린이집 시간 연장 교사의 이직률은 매우 높다. 또한 돌봄이라는 인식이 강하다 보니 대충 시간만 때우자는 인식이 팽배, 만연해 있다.

시간 연장반 담당 교사가 교회에 다니면 수요일 저녁에는 아이들을 데리고 교회에 갔다 온다. 이걸 또 교회 안에서 만나는 이들에게 자랑을 한다. 신앙생활도 하고 아이도 돌보고 급여도 받고 여러 가지로 좋다고. 다른 데도 아니고 교회에 갔다 오니 괜찮다고 여기는 부모도 있을 것이다. 그러나 교사의 개인 신앙생활을 위해 아이가 보육 환경을 떠나 다른 곳에 갔다 온 것이다. 예배를 마치고 어린이집에 돌아오면 학부모는 어디에 다녀왔는지 알 수가 없는 노릇이다.

젊은 교사들은 친구나 사귀는 남자를 원으로 오게 하여 같이 아이랑 놀기도 한다. 말이 보육이지 실제 교사는 지인들과 수다 떠느라 정신없고, 영유아는 그저 곁에 방치되어 있는 것이다. 중고등학생이나 대학생을 자녀로 둔 주부들이 부식비라도 벌겠다고 저녁 시간에 시간 연장반 교사를 하기도 한다. 그러면 자신들 지인이나 계원들을 어린이집으로 불러들여 그곳에서 모임을 한다. 가까운 친구를 오라고 해서 커피 마시며 수다 떠는 것은 기본. 그런데 이걸 매일매일 확인하고 점검할 관공서 담당 인원이 턱없이 부족하다. 한 달에 한 번 나가서는 이런 걸 잡아낼 수 없다. 하물며 상반기 1회, 하반기 1회 이렇게 6개월 단위로 지도점검을 하면 더욱 불가능하다.

주 5일 중 2~3회 강의 들으러 나가는 교사는 자신의 지인이나 친구한테 대리 보육을 부탁하는 일도 허다하다. 강의 들으러 가는 날 일당이야 대리 보육을 한 사람에게 주니 문제될 게 없다고 여길

수 있으나, 전염병 보유자는 아닌지 확인도 할 수 없는 사람이 우리 아이들을 보육하는 것이다.

지능적으로 속이는 자를 이겨낼 재간은 없다. 보육의 직접 수혜자인 영유아들에게 물어봐도 알 수가 없다. 하루 종일 원에서 뛰어논 아이들은 저녁 먹고 목욕 시키면 이내 잠이 든다. 잠자고 일어나면 선생님이 돌아와 있으니 그사이에 누가 왔다 갔는지 아이는 알 수가 없다.

설령 알아도 아이가 뭐라고 설명할 것인가? "우리 선생님이 자꾸 사라졌다가 와요." "우리 선생님이 강의 들으러 나갔다가 왔어요." "우리 선생님 친구가 왔어요." "우리 선생님 친구들이 많이 와서 놀다 갔어요." 이렇게 설명하길 바라는가? 학부모한테 공무원에게 말하기를 기대하기에는 우리 영유아들은 너무 어리다.

현재 민간 어린이집에서 시간 연장반을 운영하면 약 100만 원 정도의 인건비가 지원된다. 또 구립이나 시립 위탁 어린이집과 법인 어린이집은 호봉대로 인건비가 지원된다. 1호봉이래도 약 147만원, 15호봉이면 약 220만 원이 국고로 지원된다.

영유아를 잘 돌보라고 인건비를 지원하는 것이다. 그러나 관리 감독을 해야 할 공무원 숫자가 적다는 이유로, 야간 보육이 교육보다 돌봄이라는 점을 이용하여 영유아를 교묘하게 방치하고 있다. 그저 원장이나 교사, 즉 어른의 일상생활 연장에 아이들을 끼워놓고 국고 지원을 받고 있다. 영유아를 제대로 돌보지 않는 시간 연장 어린이집은 더 강력한 관리를 할 필요가 있으며 몰개념 보육을 하는 어린이집은 국고 지원을 중단해야 한다.

7시 30분부터 9시 30분까지 1일 2시간 보육하는 교사에게 100만 원을 지원하는 것도 과하고 호봉대로 인건비를 다 지급하는 것도 과하다. 이건 국고 낭비다. 더구나 한 어린이집당 겨우 1~2명의 야간 보육을 위해 어린이집 전체를 개방하는 것도 비효율적이다. 거점 어린이집 등 야간 보육에 대한 고민이 필요하고 하루 종일 어린이집에만 있었던 영유아가 하원 후에는 집에서처럼 편히 쉴 수 있도록 해주어야 한다.

야간 보육 영유아 먹을거리도 점검할 필요가 있다. 통상 야간 보육을 하는 어린이집은 점심때 시간 연장 보육 영유아와 교사가 저녁에 먹을 음식을 식판에 담아둔다. 그렇다 보니 아이와 교사는 매일 식은 밥과 국을 먹게 된다. 또 별도의 저녁 식단에 맞춰 음식을 제공하는 것이 아니고 점심때 식단을 그대로 한 번 더 주는 것이다. 낮에 음식을 할 때 조금 더 해서 남겨두는 것이다. 이런 문제는 야간 보육에 필요한 인원이 교사만 있으면 된다고 여기는 보건복지부의 착오 때문이다. 영유아를 보육하는 교사만 있으면 된다는 발상은 참 '공무원스럽다'.

라면을 끓여 식은 밥을 말아서 주는 어린이집도 있다. 참기름하고 간장에 비벼 김을 말아 주먹으로 질끈 뭉쳐서 김주먹밥이라며 보리차하고 주는 곳도 있다. 교사야 다이어트 한다고 좋다고 하지만 영유아들은 다이어트를 해야 할 이유가 없다.

저녁 식단을 가정통신으로 받아 보는 학부모는 의문을 가져야 한다. 모두가 다 퇴근한 시간 연장반 오후 7시 30분부터 저녁 10시까지 교사와 적게는 1명 많게는 5명의 아이가 있는 그 시간에 누가 저녁을 준비하는지 원장한테 물어봐야 한다. 교사가 음식을 준비할 동안 자녀들은 누가 보육을 하는지도 물어보아야 한다. 교사가 준비한다고 하면 그 아이들은 교사가 저녁을 준비할 동안 주방에 같이 있거나 아이들끼리만 있다는 결론에 도달한다.

낮에 미리 만들어놓은 식은 밥, 식은 국, 식은 반찬을 먹는 아이들. 교사가 저녁을 준비할 동안 방치되거나 주방에 있어야 하는 아이들. 교사가 예배드리는 교회까지 같이 따라 다녀야 하는 아이들. 원장이나 교사가 지인들과 수다를 떠는 속에서 혼자 장난감 가지고 노는 아이들. 교사가 밀린 보육일지 작성할 동안 잠을 자야 하는 아이들.

이것이 어린이집 시간 연장 보육의 현주소다.

43 고용노동부 교육 이수도
돈벌이 수단

지자체별로 1년에 한 번 '어린이집 교사 하계연수비'를 지원한다. 지역별로 어떤 구는 교사 1인당 4만 원, 어떤 구는 교사 1인당 8000원이기도 하나 평균 2만 원 정도로 보면 된다. 대한민국 전체 어린이집 교사가 약 30만 명이니 이 예산도 만만찮은 비용이다. 그런데 이 하계연수비를 빼먹는 기막힌 방법이 있다.

먼저 각 어린이집으로 교사 하계연수비가 지원된다. 그러면 통상 2명 정도가 해당하니 많으면 8만 원, 적으면 1만 6000원이다. 그러면 이걸 시연합회 해당 분과에 하계연수비라고 일단 낸다. 그러면 시연합회는 교사 하계연수를 준비한다. 그 과정에서 교재교구상의 협찬도 받고 숙박 시설도 저렴한 가격으로 협찬을 받는다.

이때 비리로 돈벌이가 가능한 부분이 강의다. 보통은 강의자를 불러 강의를 듣고 강사비를 지급해야 하는데 이때 고용노동부 산하 직업능력개발교육환급비를 환불받을 수 있는 업체가 들어온다. 그래서 강의 프로그램에 따라 진행하고 강의료를 지불하고 영수증도 받아 시청이나 구청에 하계연수비 정산용으로 제출한다. 그러나 실제 그 업체는 고용노동부에서 돈을 받기 때문에 시 연합회에서 받은 돈을 돌려주어도 남는 장사다. 이때도 시 연합회에 현금으로 돌려준다. 그러면 시 연합회는 현금으로 돌려받은 돈을 다시 전체 월례회 때 모여 원장들한테 돌려준다.

결국 지자체에서 교사 하계연수비라고 시비든 구비든 지원을 하였는데, 그 지원금이 고용노동부 교육비 환급 업체의 도움으로 세탁을 거쳐 원장 개인 손에 들어오는 것이다. 어떤 지역은 원장 개인에게 돌아가는 돈이 몇 푼 안 된다고 보고 그 돈으로 유럽 여행 가는 비용에 보태기도 한다. 교사 하계연수비는 그렇게 돌아 돌아 원장 연수라는 명목의 유럽 여행비로 쓰이고, 이때 지자체 공무원이 공짜로 따라간다. 가족까지 대동하는 '찌질이'들도 간혹 있다.

공범인 고용노동부 환급 업체는 어차피 교육 대상만 있으면 교육을 한 것처럼 서류만 꾸며 고용노동부에 제출하면 교육비 지원을 받으니 안 할 이유가 없다. 조금 복잡하긴 해도 이런 일로 재미를 본 업체는 어린이집 교사 하계연수 행사만 이용한다.

교육받을 대상을 찾기도 힘든데 이렇게 일 년에 큰 행사 한 번만 해도 많은 이득을 볼 수 있으니 마다할 이유가 없다. 간혹 이런 일이 걸려 기사화되기도 하지만 전국 30여만 명에 이르는 교사가 고용노동부 환급 가능한 교육을 이수했을 때 생기는 이득을 생각한다면 시 연합회나 원장들과 공모하지 않을 업체를 찾기는 불가능하다.

또 원장이 개인적으로 고용노동부 환급금을 받는 부정도 저지른다. 몇 년 전부터 고용노동부 환급 대상 교육이 온라인 교육으로도 이루어지다 보니 가능해진 범죄다. 원장이 교사들을 교육 이수자로 등록한다. 그러곤 컴퓨터만 켜놓으면 강의를 들은 것으로 컴퓨터가 인식을 하니 원장이 사무실에 앉아 등록된 교사별로 강의를 들어갔다 나왔다 반복한다. 과제물은 업체에서 준 샘플을 이용해서 작성하거나 아니면 아예 업체에서 만들어준 것으로 제출한다. 이렇게 하여 받은 교육 환급금은 원장 개인 용돈이 된다.

실업급여 빼먹기도 어린이집에서 일어나는 대표적인 비리 가운데 하나다. 실업급여는 원아 감소라든지 원 운영에 어려움이 생겨 교사에게 사직을 권고하여 그만둔 경우 받을 수 있다. 그런데 결혼으로 교사가 자연스럽게 그만두거나 교사가 부모님 사업을 돕겠다고 자발적으로 사직하는 경우에도 원장과 교사가 짜고 '원 운영상 이유로 사직'한다는 가짜 서류를 작성해서 기관에 제출한다.

그리고는 실업급여를 타서 원장과 절반씩 나눠 가진다. 어떤 원장은 퇴직금을 받지 못하는 1년 미만 근무자가 퇴직하면 선심 쓰는 척 실업급여를 받게 해준다. '국고 도둑'이라는 죄의식은 조금도 없고 인심 좋고 마음씨 좋은, 융통성 있는 원장으로 호평받는다.

전에 근무하던 원장님도 해주었으니 이렇게 해달라고 요청하는 교사도 있다. 거절하면 "그래 너 잘났다, 잘되나 보자, 털어서 먼지

안 나오나 보자" 등등 욕설을 하고 나간다. 야박하고 인정머리 없고 냉정한 원장이라는 욕은 돌고 돌아 결국 귀에 들린다. 정상적으로 처리하고도 욕을 먹는 현실이 한탄스러울 뿐이다.

어떤 원장은 적립한 퇴직금을 자기가 취하는 대신에 교사에게 실업급여를 받게 해주는 것으로 퇴직금을 갈음하는 경우도 있다. 잡겠다고 뛰는 경찰 위에 펄펄 나는 원장이 존재하는 한 국고는 샌다. 막 샌다.

44 왜 비리 원장을 위해 탄원서를 쓰고 위로금을 모아서 줄까?

지나온 기사를 보면 굵직한 어린이집 사건이 많다. 특히 메인 뉴스인 9시 뉴스에서 어린이집과 관련된 상상을 초월하는 비리를 방송한 경우도 있다. 그런데 그런 뉴스도 금세 수면 아래로 내려가고 다시 조용해지고 일반인들은 금세 잊어버린다.

세상을 떠들썩하게 한 어린이집 사건이 왜 금세 수면 아래로 가라앉고 어린이집 비리는 끊임없이 이어지는지 의아해하는 부모도 있을 것이다. 그건 사건을 축소하는 세력이 있기 때문이다.

먼저 어린이집 원장이 구속되면 시 연합회가 탄원서를 작성하고 서명날인을 강제로 요구한다. 그건 구속된 사람이 "나만 하나요? 어린이집 다 하는데"라고 말하기라도 하면 모든 어린이집에 경찰 수사가 들어올까 걱정되어서 취하는 조치다. 그러곤 1시설 30만 원 또는 50만 원씩 돈을 거두어 구속된 원장 가족들에게 가져다준다. 가족들이 면회할 때 이렇게 돈을 모아서 위로금을 가져왔다고 말을 하라는 뜻이다. 탄원서도 내어주고 위로금도 가족들에게 주다 보니 일단 구속된 원장은 자기 개인 선에서 사건을 마무리하고 더 확대하지 않는다. 구속된 원장들은 하나같이 늘 이렇게 말한다. "제가 한순간 잘못 생각하였으므로 선처를 호소합니다."

이들 말고도 급히 움직이는 사람들이 있다. 바로 공무원들이다. 평소 밥도 얻어먹고 휴가비도 타 쓰고 급여보다 2배 많은 돈을 상납도 받은 공무원들은 구속된 원장들을 수시로 만나면서 자기 보신을 위해 위로도 하고 공갈 협박을 하기도 한다.

구속된 원장한테 "다시 나와서 어린이집 또 할 생각이면 잘 생각하라"고 말하는 것이다. 이 말은 쓸데없이 입을 놀려 물귀신처럼 끌고 들어가봐야 죄만 가중된다는 것을 돌려서 말하는 것이다. 또 평생 감방에 있는 것도 아니고 어린이집은 가족 중 누군가가 결국 해야 하는데 뒷일 생각해서 잘 말하라는 것이다.

어린이집을 그만두고 다른 일을 할 여력이 없는 원장들은 그런 공갈 협박에 굴복한다. 그러다 보니 세상을 떠들썩하게 한 사건의 주동자인데도 몇 개월 살다가 병보석으로 나오거나 보석금 내고 나온다. 구속된 원장이 무기 징역수처럼 평생 있는 것이 아니니 탄원서 서명하고 위로금 건네는 일을 할 수밖에 없다.

같은 구조에서 같은 부정을 저지르며 먹고사는 원장들 입장에서는 구속된 자의 입이 제일 두렵다. 어린이집 문제로 구속된 원장들의 진술서에는 '개인 부도덕의 소치였다'는 논점으로 사건이 마무리되어 있지 관련자를 물귀신처럼 끌고 들어가 너도 죽고 나도 죽자는 식의 진술은 없다. 그로 인해 어린이집 비리는 20여 년이 지나도록 해결도 안 되고 더 지능화되고 있다.

2013년 12월, 송파구의 어린이집 비리 사건으로 인해 전국적으로 경찰 수사가 진행되었다. 이런 경찰 수사는 2005년도에도 있었다. 모 지역의 어린이집 원장이 국고보조금 횡령으로 경찰 수사를 받던 중 "저만 그런가요? 어린이집이 다 그렇게 하고 먹고살아요" 라고 내뱉은 말이 발단이 되어 대대적인 어린이집 수사가 시작되는 듯했다.

그러나 당시 어린이집연합회 회장과 사무국장은 경찰서를 뛰어다니며 일부 어린이집만 해당되지 나머지 어린이집은 그렇게 하지 않는다고, 자신들이 책임지겠다고 하며 수사가 더 확대되는 걸 막았다. 그리하여 10여 군데 어린이집에 대한 수사가 진행되다가 중단되었다. 그 일로 두 임원은 영웅이 되었다. 경찰 수사를 막은 고마운 회장님과 사무국장으로 확고한 입지를 굳혔다.

경찰의 수사가 중단되자 시청 과장하고 연합회 회장과 사무국장은 그 지역 전체 어린이집 원장들에게 그동안 어린이집에서 저지른 비리를 A4용지에 적어서 제출하라고 기간을 정해 통보했다. 이때 적어 낸 어린이집은 없던 일로 하지만 만약 이때 비리를 저지른 게 없다고 적어 내는 어린이집은 강력한 지도점검을 하겠다고 으름장을 놓았다.

순진하거나 실제 원장이 부정을 저지른 어린이집은 그것이 무슨 면죄부인 줄 착각하고 A4용지에 깨알같이 적어 연합회로 제출하였다. 제출한 어린이집 원장은 그때부터 그것이 약점이 되어 노예가 되었다. 시청 과장과 연합회 회장, 사무국장 말에는 죽는 시늉이라도 했다. 경찰은 수사를 중단했는데 시청과 연합회가 이렇게 비열한 짓을 했다.

차라리 그때 경찰 수사가 중단되지 않고 대대적으로 진행되어 전국으로 확산되었다면 어린이집 비리를 상당수 찾아내고, 비리를 근절할 제도도 법도 마련되었을 것이라고 확신한다. 이번에 송파 경찰서의 어린이집 비리 수사가 전국으로 확산되다가 잠시 주춤하였는데 반드시 수사를 재개해야 한다. 하다가 말면 아니한만 못한법. 다시 한 번 어린이집 비리에 대한 경찰 수사가 진행되어 약 20여 년 넘게 묵인된 어린이집 회계 문제가 수면 위로 올라오길 바란다.

더구나 송파경찰서에서 어린이집 비리 매뉴얼까지 마련하여 전국 경찰서 지능수사팀에 전달하여 교본으로 삼았다는 기사도 접했다. 경찰 수사가 진행되면 옳음과 그름이 더 정확하게 구분되고 어린이집 자체의 문제인지, 제도의 문제인지 가릴 수 있다. 그리고 제도가 문제라면 당정청이 나서서 제도를 고치는 데 주력해야 한다. 복지는 돈을 지원하는 것만이 능사가 아니다. 대한민국 영유아 보육 정책의 한 획을 그어 바르게 살게 해주는 것도 복지라고 생각한다.

45 종교 단체 부설 어린이집의 실상

정부든 지자체든 국립·구립·시립 어린이집을 다 지어 영유아 보육을 감당할 수 없을 때는 종교 단체에 도움을 청한다. 스님, 신부님, 수녀, 목사님, 목사 사모는 보통 사람들보다 양심적일 것이라는 관점에서 접근하다 보니 50점 점수 따고 들어간다. 절에서 운영하는 어린이집이나 성당에서 운영하는 어린이집이나 교회가 운영하는 어린이집이나 비리를 저지르는 수법은 거의 동일하다. 일단 내가 그리스도인이니 교회부터 달라져야 한다는 뜻으로 열악한 교회가 어떻게 어린이집 덕을 보는지 실제 사례를 적어보겠다.

먼저 토지는 교회가 준비한다. 그러곤 국가에서 건축비를 전액 무상으로 지원받는다. 그리하여 2층짜리 아담한 어린이집을 짓는다. 1층은 보육실, 2층은 강당임에도 정원을 실제 받을 수 있는 인원보다 약 2배가량 받는다. 어린이집을 개원하여 원아도 90명을 다 채운다. 지역 인사들 모시고 어린이집 개소식을 멋들어지게 하면 이제 모든 요식행위는 끝났다.

그다음에는 어린이집 1층을 절반으로 나눈다. 그리하여 절반은 교회 사택으로 쓰면서 목사 4인 가족이 들어와 사용한다. 그리고 2층 강당에는 강대상과 의자를 들여 교회로 만든다. 그때부터 90명 원아는 콩나물시루처럼 1층 절반 공간에서 보육을 한다. 그러다 좁다고 교사들이 아우성을 치면 불법 건축물을 짓는다. 일명 '가데 기'라고 하는 건물을 지어 목사 가족이 쓰는 공간을 확보한다. 2층 강당에서 가서 놀아야 할 아이들은 어린이집 앞동산으로 나간다. 서류상으론 1층, 2층 어린이집이 분명한데 실제 어린이집은 1층 절반만 사용하고, 절반은 목사 사택, 2층은 교회다. 실정이 이러한데도 20년 동안 아무런 지적도 받지 않고 있다. 지도점검 오는 공무원은 눈이 삔 모양이다.

어린이집 차량은 등하원 시간을 빼고 나머진 목사를 비롯해 교회 장로, 집사, 심방단들이 다닐 때 사용한다. 특히 토요일에는 목사 자가용이다. 일요일 교회 성도를 실어 나르는 차도 어린이집 차량이다. 물론 기름값, 기사 인건비는 어린이집 운영비에서 지출한다.

수요일 예배 후, 금요 철야 예배 전 교인들이 나눠 먹는 간식도 음료수도 다 어린이집 급간식비로 산다. 주일날 교인 80여 명이 먹는 점심 비용도 다 어린이집 급간식비로 지출한다. 1층 어린이집 교실에서는 장년부, 청년부, 유아부가 분반 공부를 한다. 여름에는 에어컨 전기세, 겨울에는 보일러 유료비 다 어린이집에서 지출한다. 이들은 "교회가 가난하니 어린이집 돈으로 좀 쓰는 것이 어떤가?"라는 논리를 편다. 아니다. 어린이집 운영비를 그렇게 지출하면 다 불법이다.

목사 사택에서 쓰는 수도료, 전기세, 보일러 유류비 등등 다 어린이집에서 지출한다. 왜? 수도계량기가 따로 달려 있기를 하나, 전기 계량기가 따로 달려 있기를 하나 계량기 자체가 한 개씩인데 무슨 수로 목사 사택에서 쓴 거, 2층 교회에서 쓴 거, 어린이집에서 쓴 거 분리할 수 있단 말인가? 불가능하다. 어린이집 아이들이 사용해야 할 공간을 목사 가정이 사택으로, 아이들이 뛰어놀 강당은 교회로 쓰고, 아이들이 먹어야 할 김치, 국수, 쌀은 다 주일날 교회 성도들에게 먹인다. 이런 짓을 눈썹 하나 까딱 안 하고 십수 년 하고 있다.

그 절반 어린이집, 절반 교회가 소송에 걸렸다. 내용인즉 그 교회 장로한테 그곳을 세를 놓았는데 장로는 원장 자격이 없다 보니 원장으로 이름만 올려놓을 사람을 찾아 원장으로 등록하고 그 사람한테는 매월 20만 원씩 자격증 대여료를 주었다. 그러곤 주변에서 학원을 하는 부부한테 또다시 세를 놓았다. 장로는 그 부부에게 월 180만 원을 꼬박꼬박 받았다. 그렇게 3년을 모두가 짜고 운영을 하였지만 공무원들은 역시 못 잡아냈다.

장로에게 어린이집만 세를 놓은 그 교회가 갑자기 이 장로를 내쫓으면서 소송이 붙었다. 그 소송에서 장로가 패했다. 교회에 낸

돈은 돌려받을 수 없다는 게 판결 요지였다. 장로가 쫓겨나니 장로에게 세를 얻은 학원 부부는 낙동강 오리 알 신세가 되어 보증금도 다 날렸다. 그 교회는 어린이집을 폐쇄하였고, 학원 부부는 쫓겨났다.

1년 후 아무 일도 없다는 듯 그 건물은 교회로 팔렸다. 그 어린이집과 교회에 대해 결정권을 가지고 있는 자가 교회로 팔았다. 하여 교회로 인수한 목사와 성도들은 구청에 1층의 어린이집을 재개 신고하여 어린이집을 다시 개원하였다. 그러나 달라진 건 없었다. 여전히 2층은 교회로 쓰고 1층 절반은 목사 가정 사택으로 쓰고 나머지 절반은 어린이집 하고 정원은 여전히 90명이었다. 도대체 현장 조사를 하기는 한 것인지, 요지경이다.

그리고 그들은 여전히 목사 사택 공과금, 삼시 세끼 식비, 차량 유지비 등을 모두 어린이집 운영비에서 지출하였다. 바로 원장이 먹으면 다 비리가 되는 것을 교회가, 목사 가정이, 성도 전체가 먹고 쓴 것이다.

새로 채용된 원장은 평가인증을 준비하는 과정에서 이상한 점을 발견했다. 어린이집 도면을 보니 목사 사택도, 2층 교회도 다 어린이집 보육실이고 강당임을 안 것이다. 하여 교회 운영위원회에 안건으로 올려 "목사 사택과 교회가 여기서 나가야 한다고, 불법이라고 어서 보고하여 처리해야 한다"고 했다. 그리고 어린이집 운영비로 10원도 교회 관련 지출을 하면 안 된다고 말하니 그때부터 이 원장은 눈엣가시, 왕따가 되었다.

이걸 구청에 보고하자니 자신이 내부 고발자가 되어 완전 매장될 것이고, 그렇다고 그대로 두면 평가인증을 통과하지 못할 판이었다. 그래서 원장은 일단 목사 사택과 2층 강당 평수를 빼고 지금 현재 실제 보육을 하고 있는 평수를 적어 정원부터 줄여야 한다고 생각해 정원을 1/3로 줄였다. 그러곤 원장은 운영위원회에 보고했으니 알아서들 하라 하고 어린이집 운영비에서 교회 관련 비용을 일절 지출하지 않았다. 그리고 더 이상은 교인들이 죄 안 짓게 하고자 후원을 받아 매주 성도 숫자만큼 김밥과 200밀리리터 물을 제공했다. 그러나 그들은 고마워하지 않았다. 그냥 원래 하던 대로 어린이집 운영비로 지출하고 어린이집에서 점심을 해 먹으면 되는데 별스럽게 군다고 눈을 흘겼다.

그런저런 우여곡절 끝에 평가인증을 받고 통과를 했다. 평가인증 관찰자가 경찰관도 아니고 수사관도 아니니 하루 평가하는데 그런 깊은 내용을 알 수도 없고, 도면을 보고 "왜 목사 사택이 있고 교회가 있느냐"고 묻지도 않고 자기식대로 평가인증을 하고 갔다. 평가인증 현장 관찰자가 온 날 목사 가족은 다른 곳으로 피신했고 목사 사택은 문을 잠가 안 쓰는 창고라고 거짓말을 하고 2층은 문을 잠근 채 강당이라고 했다. 현장 관찰자는 2층에는 올라가지도 않고 1층, 즉 절반 공간만 본 뒤 갔고, 이 어린이집은 우수한 성적으로 평가인증을 통과했다.

평가인증이 통과되자 위에 열거한 내용을 다 아는 목사 부부는 어딘가에 보고 후 다른 교회로 갔고, 새로 온 목사는 문제를 제기한 그 원장을 이런저런 죄목을 씌워 쫓아냈다.

지금까지도 그 어린이집 2층 강당은 여전히 교회로 쓰이고 있고 1층 어린이집 절반은 목사가 사택으로 쓰고 있다. 어린이집 운영비로 교회가 쓰는 비용을 여전히 지출하고 있다. 그렇지만 공무원들은 아직도 이런 사실을 모른다.

교회가, 절이, 성당이 자기들 돈으로 어린이집을 후원해도 시원찮을 판인데 오히려 영유아들한테 지출해야 할 보육료를 쓰고 있으니 이걸 절대자 하나님이, 부처님이 용서하실까? 일단 눈에 뻔히 보이는데 적발하지 않고 계속 방치한 전임자들 명단부터 다 밝혀 공무원부터 혼내야 한다. 30년 동안 방치한 죄를 물어야 그 교회가 교회 건물을 따로 얻어서 나가고 목사도 사택이라고 쓰고 있는 보육실을 내놓고 나갈 것이다.

46 원장들을 우롱한
영유아 잡지사 대표와 국회의원들

결정권을 쥔 자들이 현안에 집중해서 고칠 의지만 보이면 어린이집 비리는 근절할 수 있다. 그러나 그들은 잿밥에만 눈이 멀어 있다.

참여정부 시절, 당시 여당인 열린우리당 국회의원을 1회 2시간짜리 강사로 삼아 사업을 한 유능한 잡지사 대표가 있다. 어린이집 원장들을 상대로 6주에 58만 원을 받고 수료증을 주었다. 표면상으로는 국회의원들이 강사가 되어 강의를 하고 어린이집 원장은 연구 강의를 듣는 것이다. 그러나 가입을 권유할 때는 어린이집 원장에겐 하늘의 별처럼 만나기 어려운 국회의원을 어린이집 원장들 앞에 불러다 딱 세워줄 테니 어린이집 현안, 울분, 분노 다 말하라고 꼬드긴다.

이 잡지사 대표가 부르면 즉각 달려오던 국회의원이 약 30여 명이다. 국회 마당도 못 밟아본 어린이집 원장들 눈에 이 잡지사 대표는 국회의원을 요리하는 영향력 있는 사람으로 비쳤다. 국회의원들이 정말 강의를 하러 오고, 보좌관, 비서들이 굽신거리는 상황을 목격한 원장들은 이 잡지사 대표가 시키는 대로 다 했다. 원장들 모으라고 하면 모으고 계좌이체 후원신청서 작성하라면 했다. 이 잡지사 대표 말을 안 들으면 낙인이 찍혀 원장 구실도 제대로 할 수 없었다. 여우 뒤에 있는 호랑이 힘이 필요했던 원장들은 이 잡지사 대표 힘을 빌려 여러 어린이집을 문 닫게 했다.

강의 내용의 절반은 국회의원 자신의 정치적 치적 홍보였다. 그래도 원장들은 희망을 놓지 않고 국회의원에게 당시 보육업무를 관장한 여성가족부와 육아정책개발원의 횡포를 폭로하고 하소연, 넋두리를 했지만 개선된 건 하나도 없었다.

당시 강사로 온 국회의원 중 딱 한 명만 언행일치하고 있다. 17대, 18대, 19대 내리 3번 당선되어 영유아보육법 발의도 하고 서명도 했다. 언행일치하는 그 국회의원이 없었다면 그 잡지사 대표는 사기로 고발당했을 것이고 그때 그 잡지사 대표와 모략을 꾸민 국회의원들은 19대 국회 입성이 어려웠을 것이다.

잡지사 대표는 1주에 약 100여 명씩을 청중으로 끌어모아 6주간 진행하고 마감했으니, 그 잡지사가 벌어들인 부수입이 약 3억 5000만 원 정도다. 어린이집 원장한테 영향력 있는 국회의원 만나게 해준다고, 현안을 듣고 해결해준다고 58만 원씩 약 600여 명에게 받았으니 합법적인 사기로 부수입을 벌어들인 것 아닌가?

어린이집 원장들 상대로 현안을 해결해준다고, 국회의원 만나게 해준다고 사기 치고 국회의원들에게 표 얻을 어린이집 원장들 모아주어 정치인들이 치적을 홍보하는 장을 마련해준 꼴이다.

이름을 대면 알 만한 국회의원들이 왔다. 요새도 TV에 나오는 모습을 보면 아직도 그 잡지사하고 그런 사업을 여전히 하고 있는지 궁금하다. 영유아 부모는 믿고 맡길 구립·시립 어린이집을 확충해달라고 아우성인데 약점 많은 어린이집 원장을 상대로 돈벌이한 잡지사 거간꾼과 국회의원들은 귀를 닫고 있다.

어린이집은 보육료와 부모에게 추가로 받는 자부담 필요경비, 그리고 각종 보조금(국비, 시비, 구비) 일부 지원이 수입이다. 보육료가 운영비라고 하지만 공금이므로 사적으로 유용하거나 지출하면 공금횡령이다. 인건비 일부든, 교사처우개선비든, 간식비든 각종 국민 세금으로 지원되는 돈은 6000원이든 600만 원이든 개인적으로 사용하면 다 국고 횡령이다.

필요경비도 단돈 10원도 원장 개인이 사용하면 안 된다. 그런데도 업체와 짜고 50퍼센트 이상 현금화하여 원장 가정의 생계비로 충당해야 하니 비리 근절은 요원함이 현실이다.

실제 어린이집 보육료와 각종 보조금 수입 중 약 70퍼센트가 인건비로 지출된다. 20퍼센트 내외가 급간식비다. 그리고 나머지 10퍼센트는 공과금, 각종 비품, 운영비다. 박봉 급여를 주면서 교사 인건비 떼어먹는 일, 급간식비 떼어먹는 일은 20여 년이 지나도 사라지지 않고 있다.

구립·시립 어린이집은 토지 구입비, 신축비, 개보수비 등등 비용을 100퍼센트 정부·지자체가 부담한다. 직장 어린이집은 회사가, 법인 어린이집은 법인이, 개인 어린이집은 개인이 전액 부담한다. 그런 현실이다 보니 초기 시설투자비를 회수할 수 있는 구조를 만들어달라고, 투자비용에 비례해 생계비를 벌어들일 수 있는 통로를 만들어달라고 호소하는 것이다. 어린이집의 모순된 구조를 고쳐달라고 발이 곰 발바닥이 되도록 읍소한다. 그러나 국회의원들은 이런 상황을 교묘하게 이용하기만 한다.

물맷돌로 얻어맞아도 시원찮은 국회의원들 사이에 돋보인 한 명의 국회의원이 있었다. 참여정부 당시 보육을 맡은 여성가족부는 전 정권이 약속한 것은 우리와 상관없다고 일절 말을 들으려고 하지도 않았다.

현장과 전혀 맞지 않은 정책을 강요하는 바람에 자살한 원장도 있었다. 잠자다 다음 날 아침에 깨어나지 못한 원장도 있었다. 그러나 그들에게 원장 한두 명의 죽음은 움찔할 거리조차 되지 않았다. 그때 그 여성가족부의 만행을 규탄하는 목소리를 들어주던 국회의원이 있었다. 그러곤 토론회와 공청회를 열어 여성가족부 국장을 불러내어 답변을 듣게 하는 자리도 마련해주었다. 물론 국장은 나오지 않고 늘 과장이 나왔다. 그때 여성가족부 국장은 국회의원 알기를 발톱의 때만큼도 여기지 않았다. 당시에는 시민단체, 여성단체의 힘이 대단했다.

어린이집의 현안을 해결하는 것이 영유아들에게 유익임을 꿰뚫은 그 의원은 정권이 교체되어 여당에서 야당 국회의원이 되었지만 약속은 지켰다. 관련 영유아보육법을 다 발의해주었고 다른 의원이 발의한 법에도 서명해주었다. 절절한 편지에 적힌 어린이집 현안을 기억해주었고 그때 공개적으로 한 약속은 다 지켜주었다. 비록 그 법이 통과되지 못하고 회기가 끝나면서 폐기되었지만 약속을 지키지 않는 국회의원들 속에서 약속을 지켜준 그 한 명의 국회의원이 국회의원 전체 명예를 세워주었다.

겉만 번지르르한
영유아 보육 정책

"우리나라의 영유아 국가목적사업은 실패다"라고 감히 단언한다. 큰 그림 없이 그때그때마다 선거용으로 땜빵만 하다 보니 이제는 어디서부터 어떻게 손을 대야 할지 엄두를 못 낼 지경이 되었다. 첫 단추를 잘못 끼운 걸 알면서 묵인한 보건복지부 담당부서의 죄가 제일 무겁다.

정부는 직장 여성 지원을 위한 사회복지 차원에서 1982년 유아교육진흥법을 제정해 어린이집, 새마을협동유아원, 농번기탁아소를 새마을유아원으로 흡수 통일하였다. 저소득층 맞벌이 부부를 위한 정책이었지만 여성들의 경제활동 증가와 조기 교육에 대한 부모들의 요구와 맞물려 저소득층뿐만 아니라 사회 전 계층이 영유아 보육시설 확충을 요구하게 되었다.

김영삼 정부 시절 보육시설 확충 3개년 계획으로 개인이 토지를 출연하고 정부는 건축비의 일부를 지원하여 약 1500여 곳에 달하는 사회복지법인·비영리법인 어린이집이 확충되었다.

그러나 1997년 IMF로 인해 가정이 붕괴되었다. 사업 부도로 아버지들은 노숙자로 전락했고 카드빚에 내몰린 주부들은 어떤 일이든 해야만 했다. 갑작스런 사회적 혼란으로 인해 어린이집을 더욱더 확충해야 하는 상황에 이르렀지만, 재정이 부족한 정부나 지자체는 국공립 어린이집을 지을 엄두도 못 내었다. 당시 고육지책으로 국공립 어린이집이 아닌 누구나 신고만 하면 할 수 있는 민간 어린이집과 가정 어린이집을 확충했다. 그래서 사립 어린이집만 늘어났고 현재는 사립 어린이집이 전체 어린이집의 94퍼센트를 차지하고 있다. 이렇게 사립 어린이집이 비정상적으로 증가한 것이 지금까지 발생하고 있는 수많은 어린이집 비리의 원인이다.

'어린이집만 하면 식구들 밥은 먹고산다'는 생각에 너도나도 어린이집 사업에 뛰어들었고 정부는 설치 비용 안 들이고 민간 자본으로 보육 인프라를 구축한 것으로 역할을 다했다고 만족했다. 그 과정에서 국공립 어린이집에 준하는 그 어떤 지원도 하지 않았고 그러다 보니 감독도 하지 않은 채 묵인 아닌 묵인을 하면서 문제만 키워왔다. 대한민국 영유아 보육정책의 근본 문제는 의료계처럼 사적 자본에 의존해 시설을 설치했으면서도 그러한 사적 시설에 공공서비스를 제공하길 요구하는 제도적 모순에서 기인한다.

현재 발생하고 있는 어린이집 관련 문제는 정책 모순이 만든 결과물이다. 더구나 어린이집에 투여되는 자본은 약 94퍼센트가 개인의 자본으로, 어린이집 출연자, 대표이사, 대표자 또는 원장들이 다 부담하고 있는데 영유아 보육료 단가를 정부가 책정하는 것은 모순 그 자체다.

시장가격의 50퍼센트에도 못 미치는 보육료 단가를 정해놓고는 수요자 부모에게는 무상 보육을 제공하는 것처럼 기만하고 있다. 그리고는 공급자인 어린이집에는 그저 정부 대신 그 수요자의 요구에 봉사하고 자선하라고 한 뒤 보건복지부는 귀 막고 어린이집 현장의 입을 틀어막았다. 결국 그 피해가 영유아들한테 고스란히 내려가 일일 300원어치도 안 되는 오전 간식과 점심과 오후 간식을 제공받는 작금의 현실이 빚어진 것이다.

지원만이 능사가 아니라고 수차례 이야기했다. 선거 때마다 지자체에서 미친 듯이 지원한 항목이 아래와 같다. 중구난방으로 공약하고 지원한 지자체 단체장, 광역시 단체장들의 치적이다.

• 인건비 추가 지원

교사처우개선비, 종사자 수당, 종교시설 교사 인건비, 특수교육 교사, 시간 연장 미지정 비상근 교사, 우수 보육교사 모범수당, 농촌 지역 종사자 교통수당, 국공립 보육교사 중식비, 보육도우미 파견 지원비, 외국어 강사 수당, 보육교사 명절 휴가비, 민간 보육교사 장기근속 수당, 원장 직책수당 보조, 교사 장기근속 수당, 담임 수당, 민간 어린이집 4대 보험 지원, 대체인력 인건비, 시간 연장 교사 인건비, 휴일 교사 근무수당 등

• 기타 인건비 지원

영아보육도우미 지원, 소규모 시설 취사부 지원 등

• 시설 운영비 지원

저소득 영유아 입소료, 저소득 영유아 건강 검진료, 저소득 영
유아 현장학습비, 저소득 영유아 간식비, 교재교구비, 농어촌
차량 운행비, 냉난방비, 국공립 개보수, 집단급식소 개보수, 놀
이터 개보수 등

이렇게 일일이 열거하기도 힘든 비용들이 지원되었다. 이런 지
원들은 전부 유권자들의 표하고 연결되어 있었고, 이런 예산을 따
오는 연합회 임원은 어깨에 힘이 잔뜩 들어갔다.

나름 어린이집을 위해 지원도 많이 하고 애썼다고 자부하는 각
종 지자체장들이 이제라도 알아야 할 것은 그렇게 지원한 각종 교
사 관련 지원금이 교사에게 전달되지 않았다는 사실이다.

지금도 무상 보육으로 국가목적사업 영유아 보육정책이 자리를
잡았다고 홍보한다. 미안하지만 그동안에는 원장만 비리를 저질렀
지만 무상 보육이 시행된 이후로는 교사, 각종 근무자, 영유아 부
모까지 다 부정 불감증에 걸렸다. 영유아 한 명당 돈이 얼마라고
계산하던 몰염치한 원장들은 이제 교사들과 짜고, 취사부와 짜고,
부모와 공모하여 아이들 몫의 보육료를 허위로 수령하고 있다.

물론 그 과정에서 혼자만 챙겨 먹다가 같이 나눠 먹는 지능적 수

법을 추가했다. 같이 공모한 자들은 거짓말을 능숙하게 한다. 근무하지 않은 교사는 이름만 올려놓고 급여의 일부를 받으니 이름과 자격증 빌려주는 일에 재미를 들이고 그 교사의 배우자도 아내가 실제 근무는 하지 않고 반찬값이라도 벌고 있으니 눈감는다. "왜 자격증을 빌려주며 돈을 받느냐"고 펄쩍 뛰는 배우자는 드물다.

시간 연장반 선생님만큼 편한 직업이 또 어디 있는가? 아이랑 TV만 보고 있어도 급여가 나오고 5일 근무 중 2일은 교사 연수라고 어린이집을 비워도 원장이 눈감아준다. 취사부는 한식 조리사 자격증만 있으면 이름 빌려주고 50만 원을 받고 지도점검이나 평가인증 받을 때만 나가서 하얀 옷 입고 모자만 쓰고 있으면 된다. 그리고 질문하면 원장이 시키는 대로만 대답하고 근무자인 척만 하면 된다.

전업주부들은 아이 이름만 빌려주면, 동생 이름, 언니 이름만 빌려주면 원장이 알아서 보육료 절반을 뚝 떼어준다. 자기 자식 자기가 돌보는데 원장이 뚝딱뚝딱 알아서 나라에서 나오는 보육료를 챙겨 현금으로, 5만 원짜리로 봉투에 넣어주니 원장의 수완이 고마울 뿐이다. 어떤 배우자가 원장하고 짜고 아내가 그런 일을 하고 있다고 안들 화를 낼 것인가? 결국 무상 보육은 전 국민이 죄를 짓게 만들었다.

'무상 보육'은 '양심적인 사람만 바보'가 되는 사회를 만들었다. 다문화 가정도 아이를 보내지 않고도 원장에게 돈을 받으니 원장을 좋은 사람으로 여긴다. 또 그것이 죄인 줄도 모르는 다문화 부모가 다수다. 아이를 어린이집에 보내지 않으면서 서류상 등록만 해놓고 보육료 절반을 현금으로 받는 행위가 죄라고 생각해본 적도 없다.

보건복지부와 각 지자체 홈페이지에는 '어린이집 제보 받습니다' 라는 메뉴가 만들어져 있다. 그러나 지도점검하는 공무원이, 근무하는 직원이, 거래하는 업체가 입을 다물면 일반인은 알아낼 수가 없다. 또 실제 원장에게 돈을 받고 있는 엄마들이 사실을 말하지 않는 한 잡아낼 수가 없다.

만 0세부터 만 5세까지 영유아 부모들에게 '아이사랑카드'로 결제하게 하고 열흘 후에 어린이집 통장으로 나온 보육료를 현금으로 절반 돌려받는 것이 무상 보육의 실체다. 이제 어린이집 비리는 각 가정의 보육료 비리와 연동되어 있다. '내 자녀 몫으로 책정된 무상 보육료를 수단과 방법을 가리지 않고 거짓된 방법으로라도 챙기자' 라는 생각이 더 확산되도록 방치해선 안 된다. 보육료를 거짓된 방법으로 원장에게 받은 부모에게는 자녀가 초등학교 들어가기 전까지 보육료 지원을 중단하는 법을 마련해서라도 뿌리 뽑아야 한다. 겉만 번지르르한 무상 보육이 영유아 부모마저 죄짓게 만든 원흉이다.

보건복지부는 더 이상 코끼리 몸 더듬는 짜깁기 정책은 그만두고 영유아 보육정책이 실패했음을 인정해야 한다. 이제 더 이상 망가지려고 해도 더 망가질 수 없다. 지금이라도 영유아들을 위해 원점에서 전면 재검토를 시작해야 한다. 또 정치권은 여당 야당 따지지 말고 거국적으로 영유아 보육정책의 장기적인 목표를 세우고 법안을 만들어 통과시켜야 한다. 공보육의 틀을 확립하고자 하는 영유아 관련자들은 공적 자본으로 공적 서비스를 제공하라고 촉구해야 한다.

48 유아교육과,
이래도 보내시렵니까?

현재 어린이집에 근무하는 교사는 30여만 명이다. 이 교사들도 언젠가는 어린이집을 할 것이다. 어린이집은 약 4만 5000여 개로 포화 상태다. 설령 이 4만 5000여 곳의 어린이집을 30여만 교사 중 일부가 다 한날한시에 인수한다고 해도 약 25만 명은 어린이집을 열 수 없다.

더군다나 어린이집 매매는 현행법상 명백한 불법이다. 또한 어린이집 인수 시 권리금이 억 단위로 붙는데, 인수 금액을 회수하려면 온갖 부정적인 방법으로 돈을 빼돌려야 한다. 그리고 현재 교사들이 받고 있는 월급을 10원도 안 쓰고 30년 꼬박 모아야 인수액이 된다.

현실이 이러하니 현재 어린이집 교사를 자녀로 둔 부모는 재산이 넉넉해야 한다. 부모가 재정적인 뒷받침을 해야 할 뿐만 아니라 인건비로 인수 금액을 회수해야 하므로 타인 이름도 빌려다 줘야 하고 부모님 이름도 서류상 등재해주어야 한다. 그러므로 오래 사셔야 한다.

어린이집 교사들보다 더 안타까운 현실에 놓인 이들이 있다. 현재 영유아 관련 학과에 재학 중이거나 전공하고자 준비하는 학생들이다. 현재 부정과 비리로 돈을 챙기는 데 급급한 원장들이 후배를 생각해서 지금의 제도를 개선할 의지는 없다. 오히려 이 길을 오고자 하는 사람이 많을수록 권리금을 더 많이 부를 수 있어 신바람이 날 뿐이다.

이 영유아 관련 학과에서 공부하고 있는 학생들은 어린이집 구조에 대해 상세히 모른다. 이 학과를 지망할 때 고등학교 진학 상담 선생님이 알려준 바도 없고 대학 교수들이 이들이 졸업 후 놓일 현실에 대해 자세히 설명을 해주지도 않는다. 그렇다 보니 겉으로만 보고 여성이 선택하기에 적합한 직업 정도로만 인식하고 있다.

교수들이 가르치는 이론은 어떨지 모르지만 전공하는 학생들에게는 생계가 달린 문제다. 그런데 교수들은 생계를 거짓된 방법으로 짊어져야 할 제자들의 직업 현장에 대해 알려고도 들지 않고 알려주지도 않는다. 어떤 교수도 자기들이 전공하고 자기들이 배출하는 수많은 학생들의 암담한 미래를 생각하며 가슴 아파하지 않는다. 졸업 후 사회에 첫발을 디딘 제자들은 원장이라는 상사를 통해 영유아와 그 부모를 대상으로 사기를 쳐서 부를 축적하는 모습을 보게 된다. 또한 영유아 부모 상대로 거짓 상담을 하고 거짓 서류를 꾸미는 데 일조해야 한다. 상당히 미안한 말이지만, 이들은 '잠재적 범죄자'라고 해도 과언이 아니다. 현재 근무하고 있는 교사 약 30여 만 명과 뒤따라 배출될 관련 학과 졸업생들도 다 그 길을 걸을 수밖에 없기 때문이다. 모두가 손가락질하고 욕을 하고 조롱해도 그 길을 답습하지 않으면 생계를 감당할 수 없기 때문이다. 안 걸리면 부자 되는 것이고 걸리면 범죄자가 되는 길로 들어갈 수밖에 없고 다른 선택의 여지가 없다. 영유아 관련 학과 교수들은 "인재를 양성하진 못할망정 잠재적 범죄자를 양성하고 있다"고 통곡해야 한다.

통곡해야 할 사람이 또 있다. 어린이집 한번 창업해보겠다고 보육교사 3급이든 2급이든 자격증 따러 다니고 "사회복지사 자격증을 따면 미래가 보장된다"는 문구에 현혹되어 오전 또는 오후, 저녁으로 공부하는 아내를 둔 남편들이다. 눈짐작으로 동네 어린이집 아이들 숫자를 대충 세어보니 한 100여 명은 되는 것 같고 머릿수에 곱하기 40만 원만 해도 금액이 나오니 돈이 된다고 여기는 것이다. 또 조그마하게 시작해 2~3년밖에 한 것 같지 않은데 3층짜리, 4층짜리 신축 건물을 지어 옮겨 가는 것을 보니 떼돈 벌리는 사업이라고 착각한다.

그렇지만 대출을 받아 어린이집을 창업하더라도 원금은 절대 상환하지 못하고 이자만 갚아야 한다. 그 이자도 전부 다 갚을 수 있는 것이 아니다. 기타운영비 15퍼센트 한도 내에서 가능하다.

5. 기타운영비(135목)

나. 일반사항

– 기타운영비는 기타 관항목(款項目)에 포함하여 지출할 수 없는 제반경비를 말함

– 기타운영비는 항목으로 건물 임대료, 감가상각비, 건물 융자금의 이자, 차량 할부금 등을 지출할 수 있으나 그 규모가 과도할 경우 현재 보육 아동에 대한 서비스가 낮아질 우려가 있으므로 보육료 수입의 일정 범위(예 15퍼센트) 내에서 지출하도록 노력하여야 함.

출처 : 『2014년 보육사업안내』, 부록 49쪽.

이 글을 다시 풀어서 설명해보겠다. 예를 들어 약 10억 원을 들여 어린이집을 창업했는데 그중 5억 원을 대출받았다고 치면 5억 원에 대한 이자를 5퍼센트 잡고 250만 원가량이 이자로 나간다. 그러면 약 50명 정원이고 전체 수입이 약 2000만 원이라면 약 15퍼센트인 300만 원을 건물 임대료, 감가상각비, 건물 융자금의 이자, 차량 할부금 명목으로 지출하라는 것이다. 그러나 50명 정원을 다 못 채워 원에 30명 정도밖에 없다면 남편이 벌어 온 다른 수입으로 대출이자를 상환해야 한다. 어린이집 회계의 다른 항목에서 대출이자를 상환하면 안 된다. 지금처럼 저출산에 기존 어린이집도 정원 대비 현원 60퍼센트를 간신히 넘기는 시기에 자신의 아내는 특별난 재주가 있어 정원도 100퍼센트 채우고 이자를 상환할 자신이

있다고 한다면 말릴 재간은 없다.

또 길거리에 떨어진 10원도 내 돈이 아니면 줍지 않던 아내가 물건을 살 때마다 빈 간이영수증을 두 장씩 또는 세 장씩 더 달라고 하는 모습을 보게 된다. 급식 업체와 교재교구 업체 직원과 밖에서 만나는 일이 자주 생기고 그들과 짜고 거래하다가 결국은 경찰 조서를 받는 지경에 이른다.

허위 교사를 등록하고 허위 아동을 등록하여 보조금을 횡령한 파렴치한 어린이집 원장 이야기가 남의 이야기가 아니고 자신의 이야기가 된다. 동창회 명부를 뒤져 경찰, 검찰, 구의원, 시의원, 국회의원 사돈의 팔촌이라도 찾아서 살려달라고 애원해야 한다.

영유아 1인당 최소 1750원 이상으로 제공해야 하는 쌀, 보리 등의 주식과 부식 구입비 및 간식비로 사들인 어린이집 급간식거리는 검은 봉지에 싸서 집으로 가져와 자녀들과 먹어야 한다.

어린이집을 하여 아파트를 사고 3층, 4층짜리 건물을 사고, 어린이집 하기 전에 사업으로 실패한 빚까지 다 갚고 신용불량자에서 벗어났다는 영웅담만 듣고 할 만한 창업이 아니라는 말이다. 어린이집은 '공공성만 강조'되는 '영유아 국가목적사업'이다. 원장 급여 이외에 운영비에 손을 대면 경찰서행이라는 사실을 알려주는 강사도 공무원도 없으며, 현재 어린이집을 운영하고 있는 원장도 이러한 사실을 알려주지 않는다. 그리고 보건복지부가 지난 20여 년 동안 매년 1회 제공하는 책자 『보육사업안내』에도 위에 폭로한 내용이 상세히 기록되어 있지 않다.

목구멍이 포도청인데 부정을 저질렀다고 다 걸리는 것도 아니고 걸릴 때 걸리더라도 일단 어린이집 창업하고 수습하자라고 덤벼드는 사람은 어린이집 창업 사기 브로커들 먹잇감으로 딱 좋다. 반드시 보건복지부에 직접 가서 어린이집 운영에 대한 설명을 듣기를 권한다. 그래야 선량한 보통 사람으로 살던 아내가 교도소를 들락거리는 신세로 전락하지 않도록 막을 수 있다.

49 턱없이 부족한 국공립 보육시설

보통 영유아 부모들은 어린이집이나 유치원이 같다고 여긴다. 영아 때는 어린이집에 보내고 조금 자라면 유치원에 보내는 부모도 있고, 자녀가 어릴 때부터 적응하고 정든 어린이집에 계속 보내는 부모도 있다. 그리고 어떤 엄마들은 영아, 유아 구별 없이 형제나 자매가 한곳에 다닐 수 있는 어린이집을 선호하기도 한다. 어린이집은 영아와 유아가 다 다닐 수 있고 유치원은 너무 어린 영아는 받아주지 않는 차이가 있다는 정도로만 생각한다.

그러나 다음 표에서 보듯 어린이집은 설립 주체에 따라 7가지 유형으로 나뉘고 유치원은 설립 주체에 따라 2가지 유형으로 나뉜다. 여기서 부모들이 눈여겨볼 것은 어린이집은 사립이 94퍼센트를 차지하고 유치원은 국공립이 53.7퍼센트를 차지한다는 사실이다. 이런 현실은 지난 정부나 지자체가 국공립 유치원을 짓는 데는

어린이집 시설 현황

	계	국공립	사립					
			사회복지 법인	법인 단체 등	민간	가정	부모 협동	직장
전체 수	45,000	2,700	1,440	1,035	18,720	20,723	67	315
비율	100%	6%	3.2%	2.3%	41.6%	46.05%	0.15%	0.7%
정원	1,344,132	135,302	144,845	68,268	746,828	226,342	1,764	20,783

유치원 시설 현황

	계	국공립	사립
전체 수	8,344	4,480	3,864
비율	100%	53.7%	46.3%
원아 수	537,822	119,128	418,694

많은 국가 재정을 투입하였으나 국공립 어린이집을 짓는 예산은 턱없이 부족하게 배정하고 공보육을 실현하겠다는 의지 또한 약했다는 것을 방증한다.

또 어린이집에 다니는 약 130여만 아동 중 약 10퍼센트만 구립·시립 어린이집에 다니는 혜택을 누리고, 나머지 90퍼센트는 개인이나 단체가 재정을 부담하는 사립 어린이집을 다니고 있다. 이런 형편은 유치원을 다니는 유아들도 마찬가지다. 유치원에 다니는 전체 유아는 약 53만 명인데 그중 국공립 유치원에 다니는 유아는 약 11만 명 정도고 나머지 80퍼센트에 해당하는 유아는 사립 유치원을 이용하고 있다.

어린이집과 유치원 비교

	어린이집	유치원
법률	영유아보육법	유아교육법
관점	복지적 관점	교육적 관점
주무부처	보건복지부	교육부
목적	보호(care) + 교육(edu)	교육(edu)
대상	영아 + 유아 만 0세부터 만 5세, 방과 후 만 12세	유아만 3세부터 만 5세
기관 성격	어린이집	유치원
서비스 내용	보호 양육 + 교육 건강, 양육, 안전	교육 건강검진, 급식
설립 인가	지자체 단체장	시도 교육감
운영 방식	종일 운영(12시간) 종일제 의무사항 방학 운영 불가 일평균 : 8~10시간 종일반 교사 미배치	반일제, 연장제, 종일제 종일제 선택 사항 방학 운영 일평균 : 6시간 종일반 교사 배치
영아 교육과정	표준 보육 과정(영아)	무
유아 교육과정	누리과정	
위원회	보육정책위원회	중앙유아교육위원회
보육료 / 교육료 기준	시도지사 정한 범위 내 상한제(표준 보육료) 연령에 따라 차등	반일제, 연장제, 종일제에 따라 교육비 달리 적용 연령 관계없이 동일 경영자 징수(자율 책정) 원장 재량, 특별교육비 등 추가 경비 책정
교원 배치 기준 (교사 1인당 법정 인원)	엄격한 배치 기준 교사 1인당 원아 수 만 0세 3명, 만 1세 5명 만 2세 7명, 만 3세 15명 만 4세, 만 5세 20명	관할청 배치 기준 결정 시도 교육감 결정 교사 1인당 원아 수 만 3세아 20명 만 4세아, 만 5세아 30명
시설 설치 기준	1층 원칙	1, 2, 3층 허용
회계 관리	아이사랑카드 단말기 결제 강제 보육통합정보시스템 보고 의무	아이사랑카드 단말기 결제 선택 NEIS 회계 보고

결국 어린이집을 다니는 영유아 중 10퍼센트, 유치원을 다니는 유아 중 20퍼센트만 국공립 영유아 기관에 다니는 혜택을 누리고 있는 것이다. 어린이집을 다니는 영유아 중 90퍼센트, 유치원을 다니는 유아 중 80퍼센트는 개인이나 단체가 재정을 부담하여 운영하는 곳을 이용하다 보니 상대적으로 정부나 지자체의 지원을 덜 받고 있다.

80인 기준 영유아 기관을 광역시에 짓는 데 대략 20억 원이 소요된다. 그러면 그 80명은 1인당 약 2500만 원의 시설 자금을 국고로 지원받은 시설에 다니며 보육료 지원을 받는 셈이다. 그러나 이 아이들과 달리 사립 어린이집이나 사립 유치원을 다니는 영유아는 그저 보육료만 지원받고 있는 상황이다.

한 가지 예를 더 들어보겠다. 지금으로부터 18년 전인 1996년 과천 정부제2종합청사 단지 내에서 제2청사에 근무하는 7000여 공무원들의 자녀들을 위한 청사어린이집이 개원했다. 8억 7000여만 원의 공사비를 들여 지하 1층, 지상 2층, 연건평 300평 규모로 건립한 것으로 정원은 200명이다.

당시는 정부가 보육시설 3개년 확충계획에 의거하여 건축비 1억 7400만 원을 지원하고 개인이 적게는 5억~10억 원씩 출연하여 사회복지법인 어린이집을 설립할 때다. 그런데 공무원들 자녀가 다니는 어린이집에는 일반 가정의 영유아가 다니는 어린이집보다 8배나 많은 설립 비용을 지원한 것이다.

이보다 더한 예도 있다. '투명사회를 위한 정보공개센터'에 따르면 국회는 2014년 5월까지 총 25억 6300만 원을 들여 제3어린이집을 완공할 계획이라고 한다. 현재 제1어린이집과 제2어린이집을 합쳐 정원이 290명인데 대기자가 260명이라는 명분을 들어 제3어린이집을 신축해야 한다고 주장하는 것이다. 전국 국공립 어린이집 신축 예산은 4년째 19억 8200만 원에 묶여 있는데, 국회어린이집 한 곳의 신축 자금 25억 원에도 못 미치는 금액인 것이다.

국공립 어린이집이 전체 어린이집에서 차지하는 비중은 고작 6퍼센트 정도다. 이런 상황에서 국회가 국회와 관련 있는 가정의 자녀들을 위해 제3어린이집 신축 예산으로 25억 원을 편성한 것을 도대체 어떻게 이해해야 할까? 이 소식을 접한 많은 이들이 "내가 낸 세금으로 국회에 종사하는 사람들 월급 주는데 그 세금으로 25억 원짜리 어린이집 지어주고 양육비도 주다니 할 말을 잃었다"는 반응을 보였다.

전국에 국공립 어린이집 대기자는 2만 6000여 명에 달한다. 그런데 전국 국공립 어린이집 신축 예산이 국회어린이집 1곳을 확충하는 데 들어가는 예산보다 적다. 전국적으로 국공립 어린이집이 한 곳도 없는 읍면동이 2000군데나 된다는데 여의도 국회 안에는 어린이집이 두 개나 있고 하나 더 추가 신축한단다. 참 할 말을 잃게 만드는 일이 아닐 수 없다.

우리 영유아들은 차별 없는 영유아 보육을 받을 권리가 있다. 국공립을 가든 사립을 가든 영유아들이 1인당 정부로부터 지원받는 금액은 같아야 한다. 그런데 현실은 오히려 사립(어린이집, 유치원)

을 다니는 영유아 가정이 필요경비란 이름으로 더 많은 사보육비를 부담하고 있다.

　선거 때만 되면 국공립 어린이집을 확충하겠다는 공약을 내세우지만 선거가 끝나면 없던 일이 되어버린다. 선거철 영유아 부모의 표를 얻기 위한 공약으로만 끝내지 말고 이제 국공립 어린이집, 유치원을 대폭 확대해야 한다. 지자체장들이 확고한 의지를 가지고 확대해야 한다.

50 대한민국에 정직한 어린이집은 없다

결론부터 말하자면 '정직한 어린이집은 없다.' 오늘도 영유아 부모는 믿고 맡길 어린이집을 찾는다. 나 대신 내 자녀를 진심으로 양육해줄 선생님을 간절히 바라고 속이지 않는 어린이집에 보내길 바란다. 아이가 스스로 할 나이까지 자랄 동안 누군가의 도움이 절실하다. 바로 국가가 부모를 도와주는 역할을 해야 한다. 국가가 조금만 도와주면 일과 가정을 병행해서 고생할 각오도 되어 있다.

아이는 등원 길 현관에서 언제나 환하게 웃지만, 교사는 하원 길에 갖은 말로 부모를 안심시키지만 부모의 마음은 늘 불안하다. 어린이집에서 하루 종일 외롭게 지내지는 않는지, 매를 맞지는 않는지, 굶지는 않는지 걱정스럽다. 물론 이것 말고도 부모를 걱정스럽게 만드는 고민거리는 많지만 가장 큰 걱정거리는 이 세 가지다.

물론 아이가 한글을 일찍 떼고, 수를 익히고, 다른 아이에 비해 여러 활동을 조금 빨리 익히면 좋겠다는 바람도 있다. 그러나 어린이집에서 울지 않고, 친구들과 잘 지내며, 바른 음식 잘 먹으면 더 바랄 게 없는 것이 엄마 마음이다.

어린이집에서 일어나는 아동학대나 급간식 비리에 대한 기사가 나오고 9시 뉴스가 나와도 내가 선택하고 내 아이가 다니는 어린이집은 절대 그렇지 않을 것이라고 믿고 싶은 것도 사실이다. 어린이집이 맘에 안 들어도 딱히 보낼 만한 곳도 없다.

어린이집에 대한 볼멘소릴 의논이라고 남편과 해도 뾰족한 수도 없고 더 길게 이야기하다가는 싸움으로 번진다. 어떨 때는 "직장 그만두고 아이를 집에서 키우라"는 현실적으로 불가능한 결론으로 치닫기도 한다.

물론 내 자녀에게 충분한 영양을 공급하는 데 써야 할 급간식비를 원장이 떼어먹고, 내 자녀에게 양질의 교육을 제공하는 데 써야 할 특별활동비를 대출이자를 상환하는 데 쓰고, 내 자녀의 교사가 서류로만 등재된 유령 교사라는 기사를 접할 때는 배신감도 든다. 결핵 검사는 받았는지, 전염병 환자는 아닌지 확인도 안 된 시간제 교사가 내 자녀를 보육하고 내 자녀가 무자격 조리사가 만든 음식을 먹었다고 생각하면 당장 직장도 그만두고 어린이집도 그만두게 하고 싶지만 현실은 녹록하지가 않다.

약 4만 5000여 곳에 이르는 어린이집 중 그나마 믿을 만하다는 구립 · 시립 어린이집이 약 3000여 곳으로 전체 어린이집의 약 6퍼센트밖에 안 되는 현실도 한탄스럽고, 그런 상태로 20년 넘게 방치되어왔다는 사실도 화난다. 지자체에서 재정적으로 부실한 법인, 민간, 가정 어린이집부터 사들여서 구립·시립화하면 될 텐데 왜 그러지 않는지 의아하다. 특히 각종 부정과 비리로 적발된 어린이집은 과감하게 폐쇄하고 구립·시립 어린이집을 지어 대체하면 될 텐데 어찌 6퍼센트에서 더 늘리지 못하고 세월만 보냈는지, 관련 공무원들은 도대체 뭘 하는 건지 울화통이 터진다.

나머지 95퍼센트에 달하는 어린이집은 서류로만 국가목적사업을 수행하는 허울뿐인 어린이집이다. 어린이집에서 영유아들을 먹이는 데 써야 할 돈을 정직하게 지출하도록 하는 방안, 아이들이 제대로 된 교사에게 양질의 교육을 받도록 하는 방안, 아이들의 안전을 담보할 방안은 어디에도 없다. 눈을 씻고 찾아봐도 보이지 않는다.

많은 부모들이 거짓말을 일삼는 원장에게 아이를 맡겨야 한다. 어린이집에서 국고 횡령과 공금횡령이 버젓이 벌어지고 있고, 지도점검을 하는 공무원들은 많은 원장이 횡령을 한다는 사실을 다 알면서도 그걸 약점으로 삼을 뿐 고칠 의지는 없다.

게다가 허위 교사, 유령 교사, 미달 교사가 수두룩하다. 조리사도, 차량 기사도 근무자와 서류로 보고된 자가 다르다.

어린이집에서 아이들 먹는 것을 가지고 장난을 치는 탓에 집에서는 좋은 것만 먹는 아이가 어린이집에 가면 싸구려 음식을 먹고 그나마도 먹는 시늉만 한다.

이게 현실이다. 그렇다고 어린이집을 안 보낼 수도 없고 엄마들이 전부 집에서 아이만 보고 있을 수도 없다.

몰랐을 때는 어쩔 수 없지만 어린이집의 현실을 알았으니 이제 영유아 부모들이 한목소리로 이렇게 외쳐야 한다. "비정상을 정상화하자. 원점에서부터 재검토하자"고 말이다. 비정상적인 상태가 너무 오래 지속되어왔다. 어린이집의 90퍼센트 이상이 비리의 늪에 빠져 있는 것은 지독한 비정상이다. 비리를 저지르지 않으면 생존할 수 없는 상황은 분명히 비정상이다. 이 비정상을 정상으로 돌려놓아야 한다. 양심적으로 법에 따라 운영을 하더라도 정상적으로 생활할 수 있는 구조를 만들자.

이 문제는 무상 보육 예산을 늘린다고 해서 해결되지 않는다. 사유재산을 '비영리'로 운영하라는 제도적인 모순을 바꿔야 해결할 수 있다. 또 보육 예산을 늘리거나 보육료를 현실화해야 할 필요도 있다. 그래야 뒤로 부모한테 안 받는다.

하나같이 어려운 일이다. 자기 자본을 투자한 자들에게 정당한 대가를 지불하는 것이 정상이지만, 그러자면 공익 우선, 공공성, 투명성 확보라는 명분을 중시하는 시민단체나 학계로부터 격렬한 반발을 살 수도 있다. 그러나 어쨌든 이 상태로 계속 둘 수는 없는 일이다.

과감하게 청와대에 직속 기구를 설치한 후 원점에서부터 재검토하고 보건복지부부터 실패한 영유아 보육정책을 재고하겠다는 의지를 피력하게 하자. 또 사실을, 진실을 말하는 4만 5000여 곳 어린이집에 처벌이나 피해가 없도록 하겠다는 약속도 선행되어야 할 것이다. 그래야 그들이 용기를 내서 이 문제를 해결하는 데 앞장설 수 있다.

문제를 해결하는 데 도움을 줄 자료는 경찰서에 있다. 2013년 강남 일대 어린이집 수사로 단초를 제공한 송파경찰서의 수사 결과와 전국 경찰서에 있는 어린이집 비리 수사 결과를 펼쳐놓고 어떻게 해야 다시 비리가 생겨나지 않을지 고민하자.

| 4가지 해결 방안

나는 여기서 어린이집을 둘러싼 산적한 문제를 해결할 4가지 방안을 제시하고자 한다.

❶ 어린이집의 다양성을 허용하자

우리 아이들이 독창적인 사람으로 자랄 수 있게 해야 한다. 무언가 새로운 것을 만들어내고픈 호기심이 넘치는 아이들로 길러내야 한다. 그렇게 자라나야 나중에 커서도 서로서로 배우기도 하고 자극을 받기도 한다. 서로 각자가 능력과 취향이 다를 때 협조에 따른 시너지 효과도 제대로 발휘될 수 있다.

불행히도 지금의 어린이집은 모두 다 똑같다. 방 크기도 똑같고 교재와 교구도 모두 같다. 선생님이 가르치는 내용도 똑같다. 평가인증 제도 때문이다. 평가인증 업무 매뉴얼이라는 것에 어린이집의 설치와 운영에 관한 모든 사항이 정해져 있어 그것대로 하지 않으면 점수를 받을 수 없기 때문이다.

물론 평가인증 제도를 도입한 취지는 충분히 이해한다. 터무니없이 열악한 시설을 해놓고 돈만 받으려는 양심 불량 어린이집이 있기 때문이다. 그런 곳을 솎아내는 장치로서 평가인증이 필요했다. 그 역할은 충분히 했다. 그러나 평가인증이 모든 어린이집을 똑같이 만드는 수단이 되어서는 안 된다. 우리 아이들을 획일적인 아이로 찍어내는 장치가 되어서는 안 된다.

❷ 어린이집 보육료 지원을 현실화하거나 자율화하자

싼 게 비지떡이다. 이제 정부는 선택해야 한다. 지금 정부는 앞뒤가 안 맞는 정책을 펴고 있다. 국공립 어린이집 설치 비용에 준하는 어린이집 설치 비용을 서민인 운영자가 다 부담하고 있다. 그렇다 보니 그 비용을 자기 원에 아이를 맡기는 부모한테 떠넘겨 부담을 전가하고 있다. 이제부터라도 민간(가정) 어린이집에 보내는 모든 부모들에게 아동 1인당 같은 금액의 바우처를 줘야 한다.

예산 부족이라는 변명은 이제 그만하라. 그 변명이 20년을 허비하게 만들었다.

❸ 불법을 철저히 단속하자

어린이집 운영비를 아이들을 보육하는 데 쓰지 않고 다른 곳에 쓰는 것은 모두 불법이다. 어린이집을 사고파는 것도 불법이다. 어린이집으로 먹고사는 일도 모두 불법이다. 어린이집 관련 비리가 횡행하는 건 법을 어기지 않고는 어린이집을 운영할 수 없기 때문에 생긴 일이다.

법을 지키더라도 어린이집 운영이 가능하도록 운영 구조를 개혁할 필요가 있다. 운영 구조를 과감하게 뜯어고쳐 죄를 짓지 않게 하든지, 그럴 의지가 없다면 전원 처벌해야 마땅하다.

그러나 설령 법이 모순투성이고 문제가 있다 하더라도 정부는 불법을 단속할 의무가 있다. 어린이집을 사고파는 것이 엄연한 범죄인데도 인터넷 카페에 수천 건의 매물이 나와서 거래되는 것은 말이 안 된다. 어린이집을 매매할 때 붙는 권리금은 결국 영유아 부모의 부담으로 전가된다.

이미 자세히 설명했듯이 94퍼센트의 어린이집이 횡령을 하고 있다. 그런데도 공무원들이 다들 방치하고 있다. 보건복지부 공무원들과 경찰과 검찰이 직무유기를 하고 있는 것이다.

대한민국의 어린이집이 전부 문을 닫게 되더라도 불법을 저지른 어린이집 원장들을 다 처벌해야 한다. 그리고 수많은 어린이집 원장들이 불법을 저지르게 만든 원인인 비현실적인 보육정책도 뜯어고쳐야 한다. 원장 이전에 국민인 이들을 선량하게 만들고 싶다면 법을 현실적으로 만들어주고 법을 지켜도 먹고사는 데 지장이 없도록 만들어주어야 한다.

❹ 새판을 짜자

일부 어린이집 원장들이 범죄를 저지른다면 그 사람들만 나빠서 그랬다고 할 수 있다. 그러나 모든 관련자들이 범죄자라면 사람이 아니라 제도가 잘못된 것이다. 모든 어린이집 원장들을 범죄자로 만들어온 잘못된 구조를 바꿔야 한다. 새판을 짜야 한다. 그래야 젊은 교사들도 정직한 직장 환경에서 근무하고 우리 아이들이 깨끗하고 정직한 환경에서 자랄 수 있다.

'비영리'와 '공공성'이라는 명분에 대한 미련한 집착도 이제는 버려야 한다. 현실을 도외시하는 이상론자들은 "어떻게 아이들 돌보는 일로 돈을 벌려고 하는가?"라는 명분론을 내세운다. 듣기는 좋지만 정말 미련한 도덕률이다. 그러한 명분에 집착한 결과가 어떠한지 두 눈으로 똑똑히 보아야 한다. 앞으로는 근사한테 뒤로는 이루 열거할 수도 없는 비리가 횡행해 애꿎은 아이들만 피해를 보고 부모들만 동동거리고 있지 않은가 말이다.

이제 서류로는 국가회계 해놓고 뒤로는 구멍가게보다 못한 횡령으로 아이들 굶기는 원장 그만 양산해야 한다. 또 6퍼센트 구립·시립 어린이집에 아이를 보내는 부모만 혜택을 보고 94퍼센트 개인 재정 부담 어린이집에 아이를 보내는 가정은 그들의 생계비와 빚까지 다 부담하고 있다. 어린이집 원장을 위해서가 아니라 개인이 재정을 부담하는 94퍼센트의 어린이집에 다니는 약 130만 영유아와 그 부모들을 위해 이 문제를 반드시 해결해야 한다.

그리고 어린이집 문을 닫고 퇴출할 수 있는 길도 열어줘야 한다. 더 이상 버틸 수 없는 어린이집은 사업을 청산하고 나갈 수 있는 길을 터줘야 한다. 전 재산을 털어 넣어 어린이집을 만든 원장이 많다. 그에 대한 대가를 전혀 인정하지 않은 채, 무상 보육의 도구로 사용하는 것은 서민의 재산을 국가가 강탈해서 국공립 어린이집으로 쓰는 것과 다를 바가 없다. 퇴로라도 열어줄 필요가 있다. 그래야 불법매매 어린이집으로 먹고사는 기생충 브로커들이 사라진다.

정상적으로 운영해서는 절대 수익을 거둘 수 없는 구조(아래 표 참조)를 바꾸지 않고는 어린이집 비리를 절대 근절할 수 없다.

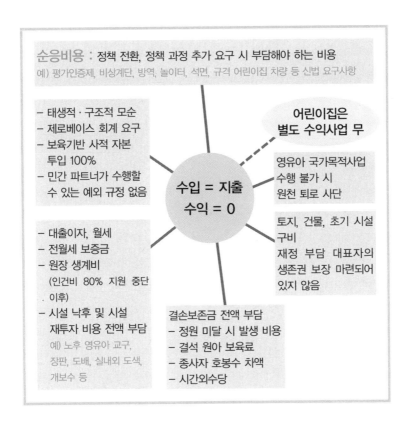

보건복지부가 암묵적으로 방치한 어린이집 현실, 이대로 두어서는 안 된다. 더 이상 방치하는 것은 범죄다.